AU LARGE !

AU LARGE!

PAR

Joseph SERRE

LYON
IMPRIMERIE GÉNÉRALE
—
1890

A M. X***

Cher Ami,

Voilà de la philosophie. Nouvelle ? non. Neuve ? je l'espère. Exposé à la pénurie de lecteurs, — ce genre d'ouvrage n'autorisant guère l'ambition, même timide, à cet égard, — je compte sur vous pour me dédommager par cette attention soutenue, curieuse, inspiratrice, que je me figurais en écrivant. Vous êtes l'interlocuteur — silencieux mais non muet — à qui je m'adresse dans ces pages, lesquelles, à défaut de meilleurs mérites, ont du moins ceux de la largeur intellectuelle et de la clarté française. La largeur d'esprit est ma philosophie même, et la clarté est mon style. Je veux qu'une lectrice au besoin puisse comprendre, et un penseur approuver.

LIVRE PREMIER

MON IDÉE

CHAPITRE Ier

MON SYSTÈME N'EST PAS UN SYSTÈME

Vous me demandez quelques explications sur ce *fameux* système philosophique qui, d'après moi, doit être celui de l'avenir parce que c'est celui de la paix et de la conciliation.

Je suis heureux d'avoir cette occasion de vous dérouler tranquillement ici toute la suite de mes idées, qui sont d'ailleurs d'une simplicité absolument naïve.

Car il ne s'agit pas d'un échafaudage, plus ou moins péniblement construit, d'idées personnelles et extraordinaires, comme dans les *systèmes* proprements dits.

Mon système n'est pas un système. C'est quelque chose de plus vaste, de plus encyclopédique, de plus universel, — et de moins compliqué.

Est-ce que vous me croyez assez sot pour croire qu'après Platon et Aristote, après Sénèque et Cicéron, après Descartes, Malebranche, Spinoza, saint Thomas d'Aquin, Auguste Comte, Littré, Taine, Renan, Hegel, Vacherot, Fichte — et vous — je puisse espérer découvrir dans le ciel des idées des planètes inconnues jusqu'à moi ?

Tout a été pensé, depuis qu'il y a des hommes qui pensent, et s'il est vrai de dire avec Ciceron qu'il n'est pas une sottise qui n'ait été dite par quelque philosophe, ne serait-il pas plus vrai encore d'ajouter : Il n'est pas une vérité qui n'ait été soutenue par quelque penseur ?

Croyez-moi, ne martelons pas notre esprit pour en faire jaillir des idées nouvelles. Il y a une œuvre plus humble et peut-être plus belle à entreprendre que celle de l'inventeur.

C'est cette œuvre que je rêve.

Elle est simple. Je connais un petit garçon qui met son bonheur à collectionner des timbres ; il aime ces petits échantillons de tous les Etats du monde, qui lui font l'effet d'une mignonne exposition universelle.

Il n'invente rien ; il collectionne.

Eh bien, c'est ce que j'aspire à faire.

Je suis un collectionneur d'idées.

Ce que je rêve c'est une vaste synthèse, une exposition universelle de tous les produits de l'esprit humain.

N'avez-vous pas remarqué ceci : c'est que notre siècle est le siècle des expositions universelles ?

Et je ne parle pas seulement des produits de l'industrie matérielle. L'exposition s'applique à tout, à tous les règnes de la nature, à tous les ordres d'idées.

Prenez les religions, par exemple.

Jadis, il n'y a pas si longtemps de cela, les religions s'ignoraient les unes les autres ; cantonnées chacune dans leur territoire, elles soupçonnaient à peine l'existence des plus voisines, et le croyant du village et même de la grande ville pouvait vivre et mourir sans se douter qu'il y eût dans l'univers des milliers de cultes en dehors du sien.

Aujourd'hui, grâce aux communications plus faciles de peuple à peuple, grâce aux infatigables recherches d'érudits patients et d'observateurs nombreux, les religions sont en présence. Nous les avons sous les yeux, et nous pouvons comparer.

Et ainsi du reste. Notre siècle est un musée immense, un vaste salon de peinture intellectuelle et morale, où chaque époque, chaque nation, chaque école ont envoyé leurs échantillons et comme le résumé d'elles-mêmes. D'un coup d'œil nous embrassons l'univers.

Aussi ma besogne est-elle singulièrement facilitée. Ils sont là déjà, devant vous et devant moi, tous ces échantillons de la pensée, tous ces ressorts démontés de l'esprit humain, tous ces systèmes philosophiques et religieux que je parlais de collectionner moi-même.

Je me trompais; le travail est fait.

Mais il reste un travail à faire. Et c'est ici que je vais vous préciser mon idée.

Vous le comprenez aisément : c'est peu de se mettre en face de tous les systèmes et de toutes les croyances. Que m'importe ce qu'a dit Platon, ce que Malebranche a cru voir, ce que Bossuet a affirmé? Que m'importe ce qu'ont pensé les autres, si je ne sais que penser moi-même?

Il faut bien que je pense, puisque je suis homme. Il faut bien qu'en présence de toutes ces idées assemblées en assises solennelles, j'entonne un credo quelconque.

Mais lequel, dites-moi?

Je m'expliquerai demain.

CHAPITRE II

LES PRISONS DE L'ESPRIT

Savez-vous ce que j'aime en vous, sans parler du reste ; c'est *la largeur d'esprit et la haine du préjugé*.

Vous me disiez un jour que j'étais un peu poète. Cela m'étonne, puisque je suis philosophe ; en tous cas j'ai du poète et de l'oiseau l'amour de l'air et de la belle lumière libre. Lamartine disait : Je hais le chiffre. Moi je hais la prison. Mettez un pinson sous cloche, il meurt ; renversez un vase sur une fleur, elle se fane et jaunit.

Eh bien, qu'est-ce qu'un système philosophique, si ce n'est une cloche et un vase renversé ?

Qui dit système dit limite (1).

Qui dit limite dit prison.

---

(1) Nous déclarons ici, une fois pour toutes, que le mot système est pris par nous dans son sens ordinaire et exclusif, sans préjudice par conséquent de l'hypothèse possible où il existerait une doctrine assez large pour contenir la vérité tout entière. Pour nous pareille doctrine ne serait pas un système, et c'est celle-là même que nous cherchons.

Et la prison, si ce n'est pas la mort, assurément ce n'est pas la vie.

Notre siècle a le culte de la vie et de la liberté. Sans doute, ce culte est encore instinctif plutôt que réfléchi et raisonné. Où est la vie ? Où est la liberté ? Mais, quoi qu'en dise le bon sens, on peut aimer ce qu'on ignore. Notre siècle, sans bien les connaître, cherche la vie et la liberté. Poésie, littérature, philosophie, morale, religion, politique, tout est empreint de ce vague amour d'indépendance et d'expansion libre de toutes les idées et de toutes les passions humaines. L'anarchie n'est que la forme brutale de cette haine féroce et magnifique pour tous les esclavages — vrais ou imaginés ; et la dynamite n'est que l'explosion d'une liberté mal comprise.

Je ne sais si vous me ressemblez, mais j'entrevois quelque chose dans cette aspiration immense, dans cet effrayant mépris du joug et de la limite, qui caractérisent l'esprit de notre XIXe siècle.

J'aime ce grand besoin d'air libre et de largeur d'horizons, qui peut-être, pour prendre un menu fait, est une des causes du succès des ouvrages de Camille Flammarion sur l'astronomie ; l'astronomie, cette science du *large* !

Vous me dites : où voulez-vous en venir ?

Le voici. Mais laissez-moi prendre souffle.

CHAPITRE III

ESPACE ET VÉRITÉ

Ce que je veux, mais c'est simplement ceci : montrer à mon siècle la philosophie qu'il cherche sans le savoir, la grande philosophie où l'on respire à l'aise, et qui est au monde intellectuel ce que le beau ciel bleu est au monde physique, le vaste espace où tout se meut sans se heurter.

Depuis que je pense, je pense ceci : c'est que la vérité est immense, et que la plus sotte injure qu'on puisse formuler contre elle, c'est de lui dire : Tu es limitée. L'étroitesse de l'esprit doit être certainement la disposition la moins favorable à la découverte du vrai en toutes choses, et n'est-ce pas cette conviction qui fait dire d'un homme intelligent qu'il a l'esprit *ouvert*, ou encore l'esprit *large*. Si la vérité existe, elle est le contraire d'une prison.

Elle est tout ce qu'il y a de plus grand, tout ce qu'il y a de plus beau, elle contient, elle dépasse tout ce qui a pu être jamais pensé, conçu, aimé, rêvé par tous les philosophes et tous les poètes, par tous les cerveaux et tous les cœurs de l'humanité. C'est elle que l'œil géant du télescope laisse entrevoir dans les profondeurs stellaires, et que le miscroscope révèle au regard stupéfait, dans les immensités d'une goutte d'eau peuplée comme un monde. C'est à elle que l'aile des Platon volait dans l'azur mystérieux des métaphysiques étoilées ; c'est elle que l'oreille des Pythagore entendait chanter dans l'harmonie arithmétique des sphères et la musique des nombres. Est-ce qu'un penseur peut penser sans l'entrevoir ? Est-ce qu'un cœur peut battre sans l'aimer un peu ? Elle est au fond de tous les systèmes, elle est au fond de tous les amours. Sans doute elle déborde nos conceptions comme nos cœurs, de la grandeur même de l'infini. Nous ne la contiendrons jamais tout entière. Mais notre esprit ne peut s'ouvrir sans la voir, notre âme ne peut pousser un cri que pour l'avoir devinée. Spinoza l'entrevoit dans les nuages de son panthéisme obscur et grandiose. Fénelon la pressent dans les douceurs de son vague quiétisme. De Maistre aurait-il parlé si elle ne lui avait lancé un rayon ? Un œil verrait-il, s'il ne la regardait pas ?

Si vous m'en croyez, n'excluons rien. Nombreux sont les systèmes, c'est vrai ; mais il n'en est pas un qui ne contienne une parcelle de la grande vérité, et jusque dans les miettes tombées de la table des penseurs, il y a de la nourriture. Nombreuses sont les idées et les conceptions humaines ; mais, croyez-moi, n'en rejetons aucune, de peur de nous priver d'un rayon. Pouvez-vous craindre que Platon ait trop pensé, qu'Aristote ait creusé trop profond, que Newton et Pascal aient *dépassé le vrai* dans leurs ardentes recherches ? Pour moi cette simple supposition est absurde. Il n'y a pas trop d'idées (1), allez ! il n'y a pas trop d'étoiles au ciel ! Nous ne serons jamais trop riches, et ce n'est pas trop de toutes nos voiles déployées et de tout le vent qui s'y engouffre, pour la sublime traversée au long cours vers l'Amérique idéale.

Voilà bien des phrases pour exprimer la chose la plus simple du monde, et de la

---

(1) La suite de cet ouvrage expliquera ce que nous entendons par *idées*.

dernière évidence, à savoir, qu'il faut mettre à profit toutes nos ressources, tout notre capital accumulé lentement par les générations et les siècles, et ne rien perdre de ce qui a été pensé avant nous.

Vous m'approuvez, n'est-ce pas ? C'est là une règle d'économie intellectuelle, et de sage administration des idées. Jusque dans les miettes tombées de la table des penseurs, je le répète, il y a de la nourriture.

CHAPITRE IV.

UN PROJET DE PACIFICATION UNIVERSELLE

Mon cher ami, vous me demandez maintenant une définition nette de mon système. Après les périphrases, le mot ! me criez-vous. Et vous avez raison. Quand le papillon a voltigé un moment autour de la belle fleur entr'ouverte, il s'y pose et y darde résolument sa fine trompe déliée. C'est ce que je vais faire, après avoir quelque peu voltigé autour de mon idée. M'est avis d'ailleurs qu'il faut être clair, et qu'on ne saurait l'être trop vite.

Je commence par repousser le mot dont vous qualifiez ma philosophie. Vous l'appelez mon « système », et je trouve le mot étroit. Je vous l'ai déjà dit, ce n'est pas un système, c'est quelque chose de mieux, de plus large, de plus compréhensif. C'est une synthèse.

Une synthèse de quoi ?

De tous les systèmes, sans en excepter un seul. Ma doctrine les contient tous, tout en rejetant ce par quoi ils sont systèmes.

Je ne parle pas seulement des systèmes philosophiques. Vous savez qu'il n'y a pas de systèmes qu'en philosophie. Il y en a en religion (1), il y en a en médecine, en économie sociale, en morale, en politique ; que sais-je ? en cuisine peut-être. En politique ils s'appellent les partis, et vous savez si c'est féroce, cela. Nous essaierons de les apprivoiser.

Savez-vous ce que je rêve ? Je rêve un « apprivoisement » général de toutes les doctrines qui se montrent les dents, prêtes à se dévorer ; de toutes les férocités ennemies qui s'entreregardent avec des airs farouches. La guerre est partout. Je rêve le désarmement universel.

Beau rêve, me dites-vous, avec un sourire d'incrédulité.

Ecoutez d'abord, vous frapperez ensuite. Que diriez-vous si tout à coup, au plus fort de la bataille entre deux armées aux prises, alors que les canons tonnent, que l'obus vole et éclate, et emporte des régiments, que les balles sifflent de toutes parts, que l'éclair de l'acier et l'odeur de la poudre

---

(1) Nous rappelons ici la note de la page 12.

éblouit et enivre les combattants, — on supprimait les armes ? Supposez ce miracle : voici les lutteurs désarmés. Canons, baïonnettes, sabres, mitrailleuses, en un clin d'œil tout a disparu, tout s'est évaporé dans le bel azur du ciel. C'est la paix forcée, et c'est la guerre impossible.

Quel service rendu à l'humanité !

Eh bien, dans le monde intellectuel il y a des guerres acharnées, des exterminations à outrance. Et il y a des armes aussi.

Il y a des armes, vous dis-je. Et j'ajoute : Supprimez les armes, vous aurez la paix.

Toute la tactique est là, je vous le montrerai par la suite.

En attendant, veuillez, s'il vous plaît, me croire sur parole, ou ne me croyez pas, si vous préférez. Ce dernier parti est le plus sûr, pour un bon libre penseur comme vous, et comme moi.

Oh ! j'entends d'ici votre objection, votre grosse objection, toute naturelle et toute naïve :

« Mais, murmurez-vous, dans les combats intellectuels, il me semble que les armes sont les idées. S'il est quelque chose d'évident, c'est cela. Supprimer les armes, ce serait donc supprimer les idées. On se bat à coup d'idées, n'est-ce pas? En supprimant les armes ici, vous supprimez les combattants. »

Mon cher ami, c'est à moi de vous prouver que vous venez de dire une sottise. Je vous le prouverai poliment, lentement, philosophiquement. Mais mon heure n'est pas encore venue. La faveur que je sollicite de vous aujourd'hui, est celle d'un peu de sympathie pour mon noble rêve de pacification générale et de désarmement universel, — qui pourrait bien un jour, par des moyens que je vous expliquerai plus tard, devenir une réalité.

CHAPITRE V

L'OCÉAN

Que l'océan est beau ! c'est l'eau des fleuves, mais l'immensité s'y ajoute et l'eau devient l'Océan, quelque chose de sublime. Que l'Océan est bon ! Sans cesse et sans fin, de son vaste sein liquide montent et montent les bienfaisantes vapeurs, les douces rosées nuageuses qui s'en vont sur les continents répandre, goutte à goutte, leur trésor de fécondité où tout puisera la vie, depuis la fleur jusqu'à la forêt, et, rien qu'en exhalant son souffle, l'immense Océan nourrit le monde. Il est beau parce qu'il est grand. Il est bon parce que, prodigieusement libéral, admettant dans son sein tous les fleuves de la terre, il a assez d'eau pour arroser à la fois, du haut du ciel, toutes nos campagnes désséchées.

J'admire l'esprit large de l'Océan. Les gigantesques Mississipi, les Amazone majestueux lui apportent leurs royales ondes, et quand il les a engouffrées, il ne dédaigne pas le petit ruisseau, et tout fraternise, tout se fond dans sa généreuse immensité. Il ne connaît pas l'exclusion mesquine ; il ignore ces procédés étroits, ces intransigeances ridicules du parti pris qui refuse, qui dit : Non! à un courant d'eau ou d'idées. Il accepte tout, il embrasse tout dans sa plénitude, et aux rivières qui accourent il n'impose à l'entrée qu'un sacrifice, celui de leurs rives, car, de limites, il n'en faut pas à l'Océan.

CHAPITRE VI

L'OCÉAN PHILOSOPHIQUE

Je viens assurément, mon ami, de vous paraître bien lyrique, avec ma pompeuse et solennelle description. Au fait ! au fait ! êtes-vous tenté de me dire ; à quand votre système philosophique ?

Vous vous imaginez que je viens d'interpeller l'Océan pour écrire une page de rhétorique. Vous ne soupçonnez pas par conséquent que je vous ai bel et bien exposé toute ma philosophie.

Les sages, jadis, parlaient en paraboles. Moi aussi.

L'Océan, c'est ma synthèse, et les systèmes sont les rivières : comprenez-vous maintenant ?

Est-elle assez large ma théorie, qui a pour affluents toutes les idées humaines ?

Platon pense, et je reçois sa pensée ; Aristote déroule en nappes tranquilles et majestueuses le cours de ses déductions profondes, et j'attends ce fleuve à son embouchure; Locke, de Maistre, Lucrèce, Taine, Spinoza versent les flots de leur savoir et de leur parole, et j'engloutis tout.

A moi les fleuves, je suis l'Océan !

Mon cher ami, ne vous moquez pas trop de mon orgueilleux lyrisme, et faites-moi l'honneur de croire que je ne me fais pas l'honneur de me croire un *homme-océan*, comme Victor Hugo. Je ne suis, comme vous le savez trop, qu'un misérable petit esprit, qui n'aurait certes jamais bâti la moindre petite métaphysique, pas même celle d'Epicure. Au surplus, la peine eût été bien inutile, car il existe assez de métaphysiques comme cela. Mais, sans être un aigle, on peut aimer le grand air libre. L'hirondelle l'aime, elle aussi, et il n'est pas jusqu'au pauvre canard qu'on n'aperçoive parfois dans les hauteurs de l'atmosphère. S'il fallait cesser d'être chétif pour aimer le grand et le beau, soyez sûr qu'il n'y aurait pas beaucoup d'artistes. L'homme n'est qu'un point dans l'immensité, mais vous savez le vers de ce Victor Hugo que je nommais tout-à-l'heure :

L'homme est un point qui vole avec deux grandes ailes,
Dont l'une est la pensée et dont l'autre est l'amour.

MON IDÉE

C'est la pensée et c'est l'amour qui ont inspiré à ma chétive personne d'aller planer un petit instant là-haut, dans l'air libre, au-dessus de tant de luttes acharnées, de tant de champs de bataille, de tant d'armées en présence, rien que pour voir s'il n'y aurait pas moyen de jouer aux combattants ce tour magique, de leur escamoter leurs armes. La chimie, paraît-il, vient de donner une idée : celle de la bombe soporifique, qui éclate au milieu des régiments, dégage d'immenses vapeurs d'éther, et endort tout. On n'est pas obligé d'y croire, mais ce à quoi vous serez bien forcé de croire, c'est à mon invention non pas soporifique mais pacificatrice. Le sommeil n'est que l'image matérielle et grossière de la vraie paix que je rêve, de cette paix qui est la vie même — bien loin d'être l'image de la mort, — mais qui est la vie tranquille et heureuse des peuples redevenus amis et des idées réconciliées.

Vous lisez les journaux, n'est-ce pas ? vous lisez les revues et les livres ? Quelles luttes homériques (ou pas homériques du tout) ! Que de disputes à perdre haleine !

Que de paroles ! Que d'encre ! Que de papier !..

Eh bien, venez, que nous entassions tout cela. Nous en ferons une montagne géante, de cet amas de systèmes. La montagne faite, nous la gravirons avec la légèreté de nos jambes, Dieu merci, alertes encore; et vous verrez si là-haut, au sommet, sous le ciel bleu, on ne respire pas plus à l'aise.

LIVRE SECOND

L'UNION DES CONTRAIRES

CHAPITRE I

L'ŒILLET DE SCHMID

Je me souviens qu'un jour, au cours d'une de nos promenades philosophiques le long des quais de notre belle cité, votre curiosité un peu ambitieuse me posa brusquement cette question, qui embrasse tout et dispense du reste :

— Quelles sont vos idées?

Je ne me laissai pas vaincre en laconisme, je répondis :

— Toutes.

En dépit de votre impertubable et olympienne sérénité métaphysique, je crois que ma formule vous étonna quelque peu.

Et interrompu, comme toutes les belles

choses de ce monde, par je ne sais plus quel accident ou incident du chemin, le dialogue en resta là.

Peut-être aujourd'hui, après ces quelques pages préliminaires, entrevoyez-vous, vaguement au moins, avec la solution de l'énigme, la silhouette de ma philosophie, que je vous résumais alors en un mot.

Je viens maintenant vous prendre par la main, et vous introduire dans l'intérieur de mon modeste édifice. Je dis modeste par modestie, mais l'épithète est aussi fausse que le substantif, puisque je n'édifie rien. Je ne suis qu'un promeneur inspectant d'un large coup d'œil tous les édifices de la cité des systèmes, comme du haut de la colline je vois toute une ville à mes pieds.

Voulez-vous que je vous dise mon opinion sur les systèmes philosophiques, et sur les systèmes en général ?

Je la résume en un mot : Ils manquent de largeur.

Comme l'a dit et peint le poète,

> Tous ont la déraison de voir la vérité
> Chacun de sa fenêtre et rien que d'un côté,
> Sans qu'aucun d'eux, tenté par ce rocher sublime,
> Aille en faire le tour et monter sur sa cime (1).

(1) Victor Hugo.

Je lisais l'autre jour dans Schmid un petit conte qui traduira bien ma pensée.

L'ŒILLET

Un jardinier avait placé dans son jardin un magnifique pied d'œillets, dont les fleurs, par la délicatesse et la beauté de leurs nuances, par la suavité pénétrante de leur parfum, attiraient l'admiration de quiconque passait près d'elles.

Un jour arrivèrent deux visiteurs : c'étaient un grand seigneur et sa femme. Ils parcoururent le jardin et considérèrent les fleurs.

Mais le mari dit :

« Les couleurs de vos œillets n'offrent rien de bien particulier ; seule l'odeur en est exquise et pénétrante ; on ne saurait rien imaginer de plus délicieux. »

La dame fut d'un autre avis.

« Non, non, dit-elle, au contraire. Je trouve, moi, que ces couleurs sont inimitables, sont incomparables ; malheureusement, si les fleurs sont belles, elles ne sentent rien, mais rien du tout. »

Le jardinier restait ébahi, et ne pouvait rien comprendre à ces singuliers jugements. Enfin pourtant il s'aperçut d'une chose : c'est que le mari avait mauvaise vue, et que la femme était enrhumée.

Voilà une fable plus profonde qu'elle n'en a l'air, puisqu'elle contient, en miniature, toute l'histoire des systèmes.

Et des disputes, pourrions-nous ajouter.

Système et dispute sont, du reste, frère et sœur.

Oui, tout système, toute dispute, toute discussion, tout dissentiment, tout désaccord ont un père commun : l'esprit étroit (dans l'un ou dans l'autre des discuteurs, si ce n'est dans tous les deux).

L'esprit étroit, voilà l'ennemi.

Analysez une discussion quelconque, si vive, si mouvementée soit-elle : au-dessous des emportements de la forme, au-dessous des chicanes extérieures, des contradictions de surface, que trouvez-vous, au fond? une double vérité.

Une vérité a deux faces.

Chacun des deux adversaires, des deux disputeurs, voit une face de la vérité. Son contradicteur voit l'autre face. Toute l'explication est là (1). Ils ont raison tous deux. C'est l'histoire des querelles sur l'œillet : l'un ne percevait que la couleur, l'autre ne sentait que le parfum.

Comprenez-vous maintenant pourquoi à votre interrogation de l'autre jour: « Quelles idées admettez-vous ? » j'ai répondu : « Toutes. »

J'admets tout : voilà mon système, — si c'en est un.

---

(1) C'est du moins l'ordinaire. Il peut y avoir pourtant des esprits assez étroits pour ne pas se rendre à l'esprit large qui soutiendrait la vérité tout entière.

CHAPITRE II

HEGEL

— Mais alors ?...
— Taisez-vous. Je pressens votre objection : qu'alors, avec tout mon esprit je ne suis qu'un imbécile. Nous verrons cela. Mais laissez-moi d'abord vous exposer ma petite théorie de *l'union des contraires*.

Je vous laisse ignorer pour le moment si mon culte pour la largeur d'esprit va jusqu'à l'absurde et à l'imbécilité. Toujours est-il, et c'est ce que je vous prie de remarquer, qu'il va jusqu'à l'union des contraires.

Je ne dis pas jusqu'à l'identité des contradictoires... mais, avez-vous lu Hegel ?

Hegel, l'illustre Hegel, celui, je crois, qui disait à son lit de mort : « Un seul homme m'a compris, — et encore... celui-là ne m'a pas compris ! »

Hegel, le profond Hegel, qui a l'immense obscurité de la nuit, — mais de la nuit de Victor Hugo : *Nuit pleine de soleils !*...

Il est vrai qu'il faut un bon télescope

pour entrevoir ces lointains soleils, qui, je l'avoue, ne sont encore que des nébuleuses.

Je crois pourtant avoir entrevu ce qu'a voulu dire Hegel, ce pauvre Hegel qui fait la joie des écoliers avec son *Être-Néant* et ses *contradictoires identiques*.

Le fait est qu'il est absolument drôle ; mais c'est qu'en général on s'arrête à ce qu'il a dit. On ne voit pas ce qu'il aurait dû dire.

Hegel a une envergure d'aigle. Hegel, que j'aime pour sa vaste largeur d'esprit, a pressenti, je le crois, une des grandes lois de la vérité.

Cette loi, la voici :

La vérité totale est faite de l'union de deux vérités contraires (1).

Les contraires réconciliés : voilà Hegel, l'Hegel idéal, le vrai, celui qui aurait dû être. (Le faux Hegel n'est qu'un imbécile et un coquin : c'est un peu celui qui a existé.)

---

(1) Ainsi la vérité totale en économie sociale n'est ni protection ni libre échange ; ni individualisme ni socialisme ; elle est dans l'union des deux, en des proportions que je ne me chargerais pas de déterminer. La vérité en éducation est dans un mélange de contraires : sévérité et douceur. Ces deux ennemis, le feu et l'eau, font par leur équilibre la vie du monde. Etc. — Je choisis les exemples les plus naïfs.

Voyons donc d'abord ce qu'a voulu dire Hegel, le grand Hegel, le vrai, celui qui aurait dû être, le philosophe de la conciliation universelle, de la réconciliation universelle des contraires.

Remarquez ceci :

En toute question, qu'il s'agisse de philosophie ou de politique, d'esthétique ou de morale, de science ou d'art, d'affaires ou de religion (1), en toute question, vous le savez comme moi, il y a des faces multiples, des points de vue divers, et de là naissent, je vous le disais tout à l'heure, les malentendus et les discussions dont le bruit remplit le monde. C'est l'œillet de Schmid.

Dans l'œillet de Schmid la dispute est un peu enfantine, car pas n'était besoin à Monsieur et à Madame d'une bien forte dose de largeur d'esprit pour concilier dans une fleur deux choses aussi facilement conciliables que la couleur et le parfum. Il fallait être myope et enrhumée pour se refuser à la synthèse.

---

(1) Encore une fois, ceci n'implique nullement l'inexistence d'une religion assez large pour unir tous les contraires.

Mais il y a des synthèses plus difficiles.

Il y a dans les choses des faces plus opposées ; tellement opposées les unes aux autres, ou, pour n'en prendre que deux, l'une à l'autre, — il y a des points de vue si différents, si directement, si diamétralement contraires, qu'on peut appeler ces deux faces, ces deux points de vue extrêmes : les deux pôles, les deux antipodes de la question.

Les intelligences peu exercées à la réflexion astronomique, comprennent difficilement, quand on leur parle des antipodes. Il leur semble contradictoire à la vraisemblance, à la possibilité logique des choses, à toutes les lois physiques et humaines, que des hommes puissent vivre, suivant l'expression vulgaire, *la tête en bas et les pieds en l'air*, vissés au sol de l'Amérique par on ne sait quelle force mystérieuse qui les empêche à chaque instant de tomber dans le précipice ouvert du ciel. Songez donc ! quelle situation intenable et périlleuse ! Le plancher en haut, le plafond en bas ! Le simple bon sens ne nous apprend-il pas que pareille demeure est impossible.

Donc l'Amérique n'est qu'une fable, — ou bien la terre n'est pas ronde.

Donc, Newton n'est qu'un imbécile, Colomb un imposteur, etc.

Voilà le préjugé populaire, voilà la conclusion de l'ignorance, dans toute son évidence puérile, dans toute sa naïve arrogance.

Toute la science est niée; d'un coup tout est renversé, — pourquoi ?

Parce qu'on n'admet pas les antipodes, la conciliation des deux pôles opposés.

CHAPITRE III

LES DEUX PÔLES DE LA VÉRITÉ

En toute question, je le disais, il y a deux pôles opposés.

Et c'est là toujours, contre la synthèse des contraires, que l'esprit médiocre et étroit vient échouer.

Dites à un ignorant : le soleil est un million et demi de fois plus gros que la terre ; la lune est une terre et la terre est sa lune ; les planètes dont nous apercevons là-haut la douce scintillation dans nos nuits étoilées, les planètes sont des mondes habitables, habités peut-être, et les étoiles sont des soleils comme le nôtre, plus immenses, plus radieux les uns que les autres, versant chacun sur son cortège de mondes la splendeur des midis et des étés.

Que répondra l'ignorant? Il hochera la tête, et neuf fois sur dix vous prendra pour un fantaisiste à l'imagination folle.

Pourquoi cette incrédulité de l'ignorant sous le ciel de la science?

Toujours en vertu de ma même théorie: la difficulté de concilier les contraires.

Voici, d'une part, un imperceptible point de lumière, entrevu là-haut à grand peine dans les ténèbres du ciel ; une maigre étincelle assurément moins brillante que celle qui jaillit de nos pièces d'artifice ; — et voilà que, d'autre part, vous lui parlez d'un gigantesque soleil, aux torrents de clarté et de chaleur, environné de terres magiques, suspendues sans chaîne à sa puissante attraction, qui les emporte à travers l'espace avec leurs continents et leurs mers dans des vitesses de sept lieues, de dix lieues à la seconde !

Comment vous croire ?

Et peut-être cependant vous croirait-il encore si vous lui parliez d'un monde absolument invisible, qui prêterait, par son absence même, à toutes les hypothèses et à toutes les suppositions. — Mais il la voit, cette étincelle ; il la voit de ses yeux vivants ; il en voit la petitesse, la pauvreté, l'insignifiance absolue. Et vous voulez que l'éblouissant soleil dont vous lui parlez avec enthousiasme, que l'univers aux vastes horizons, aux continents grandioses dont la plume magique d'un Flammarion n'épuiserait pas en des volumes les richesses et les splendeurs, — soit précisément cette étincelle !

Une lutte violente s'engage dans l'esprit de ce pauvre homme, entre le témoignage de ses yeux et celui de votre parole, entre ce qu'il pourrait appeler sa science et ce qu'il pourrait nommer votre foi. Il vacille un instant entre ces deux contraires : la *petitesse* qu'il voit, et la *grandeur* dont vous lui parlez ; puis la routine l'emporte, et brusquement, après un effort inutile pour s'élargir d'un pôle à l'autre de la question, il se met à rire.

L'esprit est trop étroit, la conciliation est impossible.

CHAPITRE IV

PAYSANS ET PHILOSOPHES

Les paysans ne sont pas seuls à ne pouvoir opérer dans leur esprit le rapprochement des extrêmes. Les philosophes sont paysans quelquefois.

Que de philosophes embarrassés, devant les deux pôles d'un problème !

Un exemple :

Comment concilier ces deux contraires : l'existence du mal et l'existence de Dieu ?

Vous n'ignorez pas sans doute les flots d'encre que ce point d'interrogation a fait verser.

Si Dieu existe, pourquoi le mal ?

Si le mal existe, comment Dieu ?

Dieu, c'est le Bien infini, c'est la Bonté absolue. Et je souffre, et cette mère n'a pas de pain à donner à ses enfants !

Dieu c'est la Perfection vivante. Et voyez le beau monde qui est sorti de ses mains ! Un monde où l'on a pu dire : Il n'y a que deux futurs que l'homme puisse s'appliquer avec certitude, je souffrirai, je mourrai. Un monde où l'immolation semble la loi féroce de toutes choses, où les vivants sont divisés en deux camps : celui des bourreaux et celui des victimes !

Est-ce que Lamartine a raison dans son chant de désespoir :

> Lorsque du Créateur la parole féconde
> Dans une heure fatale eut enfanté le monde
> Des germes du chaos,
> De son œuvre imparfaite il détourna sa face,
> Et, d'un pied dédaigneux la lançant dans l'espace,
> Rentra dans son repos.

Mais alors Dieu n'est plus Dieu ; il n'est qu'un fantaisiste et un despote. Il faut le nier.

Vous ne voulez pas le nier ? Mais alors il est Dieu, il est le Parfait. Et il faut [nier le mal.

Zénon a nié le mal.

Mais je souffre ! et cette mère n'a pas de pain, et ses enfants meurent en lui [en demandant !

Le mal existe.

> Ah ! si nos angoisses mortelles
> Jusqu'à toi peuvent parvenir ;
> Si dans les plaines éternelles
> Parfois tu nous entends gémir ;

> Brise cette voûte profonde
> Qui couvre la création,
> Soulève les voiles du monde,
> Et montre toi, Dieu juste et bon !   (Musset).

Mais Dieu ne se montre pas, et, en cette question comme en bien d'autres, ils continuent, ces fameux contraires, quand l'esprit large ne vient pas les concilier dans l'ampleur de la vérité totale, à se battre dans de petits systèmes partiels et heurtés, que le scepticisme en riant — ou en pleurant quelquefois — brise les uns contre les autres.

CHAPITRE V

LE SCEPTICISME, IMAGE DE LA LARGEUR D'ESPRIT

Je viens de nommer le scepticisme. Savez-vous comme il m'apparaît ici ? Il m'apparaît comme la revanche de l'esprit large, après l'étroitesse des systèmes.

Il y a beaucoup de sceptiques aujourd'hui : parce qu'il y a tendance à l'esprit large.

Mais veuillez me comprendre : je ne dis pas que le scepticisme soit la largeur d'esprit ; je dis que *quand celle-ci est déçue, il est sa revanche.*

Revanche stérile, mais revanche.

Le scepticisme est un phénomène régulier dans l'histoire de la philosophie. Quand les petits systèmes furieux, à bout de vigueur et d'arguments, se sont culbutés les uns les autres, quand les forces intellectuelles, en se contredisant, se sont épuisées, après les guerres des idées il apparaît sur les champs de batailles.

Il s'empare du champ de mort. — Un exemple :

Dans un petit système très ingénieux mais étroit, Epicure avait fort bien démontré que *le plaisir*, autrement dit le bonheur, doit être le but de l'homme.

Arrive Zénon, qui, dans un autre petit système non moins ingénieux et non moins étroit, démontre tout aussi rigoureusement qu'Epicure n'est qu'un vil épicurien, que la jouissance n'est pas un bien, que la douleur n'est pas un mal, bref que le but de l'homme ne doit pas être le plaisir, mais *la vertu*.

Voilà deux écoles en présence. Les deux drapeaux se déploient, la guerre éclate. Epicure a pour lui les affamés de bonheur ; Zénon a pour lui les fiers stoïques. Les disciples accourent de part et d'autre, et de petites écoles commencent à s'ouvrir au sein de chacune des deux grandes. Des systèmes de plus en plus étroits éclosent de toutes parts, pour les besoins de la lutte, des deux systèmes primitifs de plus en plus séparés, de plus en plus ennemis l'un de l'autre. Chacun se caserne dans son idée, se barricade dans sa formule, et il y a autant de formules que de disciples, autant d'idées que de discuteurs. On crie, on s'insulte, dans le vacarme des opinions qui se heurtent, des arguments qui se croisent.

Soudain un grand rire éclate. Tout ce bruit s'éteint dans un : Que sais-je ?

Pyrrhon apparaît.

Et voilà comment le scepticisme, revanche de la largeur d'esprit outragée, rétablit la paix sur les champs de bataille. — Seulement, on pourrait dire de ce pacificateur ce que Tacite disait des Romains : *Ubi solitudinem faciunt, pacem appellant.*

Sa paix est la paix du désert.

CHAPITRE VI

LE SCEPTICISME N'EST PAS LA LARGEUR D'ESPRIT

Le désert n'est que l'image de la paix ; le doute n'est que l'image de la largeur d'esprit. Et vraiment, s'il fallait se contenter de cela, qu'aurait-on de plus que rien ? Le scepticisme est une abdication. Le scepticisme est un aveu d'ignorance. J'en faisais l'éloge tout à l'heure, par haine de cette étroitesse d'esprit dont il sait si bien balayer les mesquines œuvres ; je le glorifiais comme un fléau vengeur, ce n'est rien de plus. Quand il a passé, il s'agit de reconstruire, il faut se mettre à l'ouvrage. Lui n'est qu'un paresseux qui refuse le travail. Il ne sait que détruire. Son excuse est dans la fragilité des constructions qu'il emporte ; mais encore, si mal bâties qu'elles fussent, je les regretterais si rien ne devait les remplacer. Car enfin, mieux vaut la hutte, mieux vaut la cabane que le froid et la mort : il y a au moins une idée dans le plus étroit des systèmes, une pauvre idée épaissie, mais qui échauffe, qui éclaire un peu, comme l'huile à demi figée dans une hutte d'Esquimaux. Dans le scepticisme il n'y a rien : c'est le grand éteignoir universel, qui éteint la mèche qui fume encore.

Ce qu'il nous faut, comme à Gœthe, ce n'est pas la nuit, c'est *plus de lumière!*

Je vais vous parler de la lumière électrique.

CHAPITRE VII

L'ÉTINCELLE ÉLECTRIQUE

Ne vous imaginez-vous pas, comme moi, que les lois physiques du monde sont les images des lois morales de l'esprit? Est-ce que la grande loi d'attraction n'est pas au fond la grande loi d'amour, et ainsi du reste? A ce compte, la chimie a fait une découverte intellectuelle, une découverte de premier ordre.

Vous connaissez la pile, la merveilleuse pile électrique, d'où jaillit, par torrents si on le veut, le tout-puissant fluide, la grande force moderne, triple et une, chaleur, lumière et travail, qui bientôt peut-être va tout faire parmi nous; qui va remplacer peu à peu, par son énergie toujours présente, tous nos vieux moteurs isolés, tous nos vieux systèmes si imparfaits d'éclairage, de chauffage, etc.

L'avenir est à l'électricité. L'atelier et l'usine, la maison et le foyer, la cuisine et le salon, le palais et la mansarde, la place et la rue, tout lui appartiendra, elle remplira tout de sa bienfaisante ubiquité. Sans effort, rien que par sa présence, elle comblera de ses trésors de chaleur, de mouvement, de lumière, toute une ville, tout un continent. C'est elle que nous verrons en ouvrant les yeux le soir, elle dont nous sentirons la douce brise ardente en tendant nos mains froides à l'âtre réchauffant; âme de nos fourneaux et de nos machines, elle me cuira mon rôti, tissera l'étoffe qui me vêt ou me pare, fera mon papier et peut-être mon pain. Par elle le mot que je dirai volera à New-York dans l'instant que je le dirai, ou s'emmagasinera dans un étui pour retentir dans cent ans à l'oreille d'un arrière-petit-neveu. Que de prodiges, dont plusieurs sont sous nos yeux! Homme d'un jour, sur un coin de terre, déjà la lumière, cet éclat de l'électricité, donne à mon image, par la merveille photographique, tous les espaces et tous les temps à venir; déjà par la merveille du télégraphe, le courant électrique les donne à ma pensée; par deux autres merveilles, téléphone et phonographe, il va les donner à ma parole, comme l'imprimerie à mon écriture.

Qu'est-ce donc que cette force à mira-

L'UNION DES CONTRAIRES

cles, qui transforme ainsi le monde et l'homme ?

D'où sort-elle ?

Elle sort de la pile.

Et qu'est-ce que la pile ?

Ecoutez-bien ceci : la pile miraculeuse, c'est l'union des contraires.

Bornons-nous dans ce chapitre, si vous le voulez bien, à l'examen de l'étincelle électrique.

Quand jaillit l'étincelle électrique ?

Au point de fusion des deux courants.

Car il y a deux courants, n'est-ce pas ? et deux courants de noms contraires, suivant l'expression reçue, — et c'est à les mettre en œuvre que tout, dans la pile, est employé.

Il y a deux pôles dans la pile, deux pôles si opposés, si ennemis en apparence, qu'on a cru devoir leur donner deux noms contradictoires et qui même contiennent une hérésie philosophique dont je vous parlerai ailleurs ; on les appelle : le pôle positif, et le pôle négatif. Deux pôles en réalité si bien faits pour s'entendre, malgré leur opposition, ou plutôt à cause de cette opposition même, que, si on vient à relier par un fil leurs inimitiés apparentes, il s'établit de l'un à l'autre deux courants de sympathique attraction d'où jaillit la plus éclatante des lumières.

Le phénomène est connu. Ce qui l'est moins, c'est son application au monde de l'intelligence ; son interprétation symbolique, pourrait-on dire.

Hégel l'a entrevue, et tout son système, mais aussi toute son erreur, reposent sur cette application mal faite. Les deux mots dont je me plaignais tout à l'heure, ces deux mots : *positif et négatif* l'ont égaré, — égaré jusqu'à la plus colossale des sottises, la plus stupéfiante des bévues du génie, ou plutôt de l'idiotisme humain.

Nous reviendrons sur cette immense chute, si facile pourtant à éviter.

La vérité, voici sa formule :

Elle est dans l'union des contraires, (Hégel disait : dans l'identité des contradictoires).

C'est du rapprochement des extrêmes que jaillit pour l'intelligence la lumière qui l'illumine, — comme pour la volonté..... Mais ne compliquons pas la question.

Je vais vous citer quelques exemples.

CHAPITRE VIII

LE POUR ET LE CONTRE

Tout le monde a entendu parler des sophistes, ces fins bavards de l'antiquité qui avaient la spécialité de soutenir indifféremment le pour et le contre de toutes choses. Ils exaspéraient le bon Socrate, et le grand Platon les culbutait d'un coup d'aile ; mais comment s'y prenaient donc les sophistes pour enchanter des foules d'auditeurs et soulever les applaudissements de multitudes intelligentes et lettrées ?

C'est qu'ils entrevoyaient — en y mêlant sans doute l'absurdité d'une métaphysique à la Hégel — ils entrevoyaient une vérité profonde.

Je ne voudrais pas prendre parti pour Gorgias, pas plus que pour Hégel son disciple, mais je parierais que c'était un fort esprit. Seulement il a sombré dans le nuage.

Mais il entrevoyait le soleil.

Cette conviction des sophistes, qu'il y a

un *pour* et un *contre* sur toute chose, n'est-elle pas profondément vraie ?

N'est-ce pas tous les jours que nous disons, à propos de toute question : Il y a le pour et le contre.

Et ce sont les plus sages qui le répètent le plus.

C'est que les plus sages sont les plus larges. Ils sentent d'instinct que la vérité n'est pas un plateau où tout s'offre en surface au premier regard, mais quelque chose de profond, une terre à creuser jusqu'aux antipodes, une sphère ayant ses deux pôles.

Si la terre était plate, comme on le croyait jadis, les esprits étroits trouveraient cela plus simple. Mais elle est ronde, et la vérité aussi. La terre est ronde : de là une foule de contradictions apparentes, une foule de contraires à concilier ; ceux-ci par exemple : le jour et la nuit simultanés, l'été et l'hiver régnant ensemble.

Aujourd'hui, 24 janvier 1889, j'écris ces lignes au coin de mon feu, et les pauvres marronniers nus et noirs que j'aperçois de ma fenêtre, grelottent dans la bise qui les fouette. Mais si je perçais le globe de part en part pour ressortir de l'autre côté dans quelque champ du Brésil, aujourd'hui 24 janvier 1889, je tomberais en plein été, et je cueillerais le fruit qui se dore. Je ferais de la poésie peut-être au lieu de faire de la réflexion, car la réflexion est bonne pour l'hiver. Ceci soit dit sans mauvaise humeur, car, si au lieu de creuser la terre je creuse la réflexion elle-même, si je transperce à fond la philosophie austère, je trouve, là aussi, la poésie en fleurs.

Et tenez, il vient de m'échapper un vers sans que je m'en aperçoive. C'est si bien le printemps, qu'un oiseau s'envole.

Si vous m'en croyez, soyons larges. Sachons donner dans notre esprit bonne hospitalité, même aux contraires. L'hiver existe ; mais ce *pour* a un *contre* gracieux, le printemps. Il fait nuit, mais il fait jour ; le soleil se couche, mais il se lève. Tout cela à la fois, car la terre est ronde. Acceptons tout. La science est une réconciliation universelle des contraires, et cela est si vrai que je le sens en moi, et qu'à cette heure où je vous parle, si j'étais un homme de génie, c'est-à-dire un pauvre homme encore, j'aurais aux deux pôles de mon âme la double sensation de deux états opposés de tourment et de jouissance, de peine douloureuse à enfanter mon idée, et de vive joie de la mettre au monde.

La médiocrité, dont je fais partie, n'éprouve tout cela qu'à l'état rudimentaire, mais c'est la loi du génie, de l'âme mère de ses idées. Elle jouit et elle souffre. C'est qu'elles sont vraies toutes deux, ces deux définitions qui semblent se contredire et qui, en réalité, se complètent par leur opposition même : *Le génie est un éclair d'enthousiasme*, et : *Le génie est une longue patience.*

CHAPITRE IX

LE MARIAGE

Vous la trouverez partout cette loi des contraires. Si du génie (pour voler d'un sommet à un autre) nous passions à l'amour, nous vérifierions une fois de plus la grande formule de Hégel : thèse, antithèse, synthèse. Voilà des mots bien sérieux, n'est-ce pas? Mais l'amour n'est-il pas très sérieux ? Il est vrai qu'il est très joyeux aussi, car l'un n'empêche pas l'autre, et déjà vous voyez là une synthèse. Pour le dire en passant, notez que la joie de l'âme — et même la gaîté extérieure —, non pas la gaîté factice et fausse qui cherche à étourdir son homme et n'est qu'une forme de l'ennui, mais la franche gaîté, la vraie joie, suppose le sérieux de l'esprit. C'est ce qui a fait dire à Joubert : « Pour avoir rejeté les pensées graves, ils tombent dans les idées sombres. » Et c'est ce qui a fait faire à je ne sais quel critique cette judicieuse observation sur Voltaire : qu'il n'a pu réussir dans la comédie. En effet, la comédie vit de bonne et franche gaîté, et Voltaire, qui passa sa vie à rire, était trop léger pour être gai.

Mais où nous égarons-nous? Je vous disais donc que l'amour est une synthèse. Je ne parle pas de la synthèse des deux cœurs, bien qu'il y eût là même à glaner, pour ma théorie, des observations assez fines sur la loi étrange et presque toujours respectée de l'union de caractères dissemblables : à femme vive mari paisible, etc... Et ainsi le char va son train. Une femme auteur disait : « Les qualités pratiques de mon mari font un excellent contrepoids à mes tendances idéalistes; rêveurs tous deux, nous irions dans la vie nous heurtant à tous les obstacles : lui voit pour moi (1). »

Mais sans parler de cette charmante synthèse des personnes, et à les prendre séparément chacune, n'est-ce pas encore une magnifique synthèse que nous trouvons au fond de chacun des deux cœurs?

Qu'y a-t-il dans ce serment de fidélité

---

(1) La perfection de la femme serait d'être à la fois Marthe et Marie; mais les Marie-Marthe sont rares.

éternelle, dans cet amour donné et reçu?

Une grande joie d'abord. La réalisation d'un beau rêve, dorée de rêves plus beaux encore. Le blanc, fusion de toutes les teintes de l'arc-en-ciel, rayonne sur la robe de la fiancée, qui s'avance baissant les yeux comme pour contenir son bonheur. Du printemps de la vie c'est la douce fête, où les âmes s'ouvrent comme des fleurs, où le cœur chante, sans paroles, « l'éternelle chanson à deux voix qui a bercé et bercera toutes les générations de la terre. »

Mais où s'avance-t-elle, la belle et jeune fiancée, couronnée comme une reine — et comme une victime? Elle s'avance vers l'autel, car il y a un sacrifice.

« Il y a en effet dans le mariage un sacrifice, comme je le lisais l'autre jour. La femme sacrifie ce que Dieu lui a donné d'irréparable, ce qui faisait la sollicitude de sa mère et l'orgueil de son père. Elle sacrifie sa première beauté, souvent sa santé, et enfin ce pouvoir d'aimer qu'elle n'a ordinairement qu'une fois.

« L'homme, en retour, ne sacrifie pas moins ; il sacrifie sa liberté et la sacrifie plus nécessairement et plus irrévocablement qu'on ne pense, car le moment où l'homme dispose de son cœur est aussi celui où il dispose de sa destinée entière : tout son avenir dépend du choix de la personne qui sera désormais l'inspiratrice et la compagne de ses travaux. »

Tout grand amour est *un grand sacrifice, en même temps qu'une grande joie.* Voyez l'amour maternel ! Voyez l'amour des saints pour leur Dieu (je n'en parle ici que comme d'un fait psychologique). Saint Paul s'écriait : « Je surabonde de joie » et il ajoutait : « au milieu de mes tribulations ». Saint Laurent se retournait sur son gril ; c'est que l'amour en faisait un lit de roses. François Xavier, accablé, écrivait : « Nous manquons de tout, et avec cela j'ai tant de bonheur que je finirai, je crois, par perdre la vue à force de pleurer de joie ! » Qu'on appelle cela folie, si l'on veut, mais c'est cela l'amour. On pleure, — et c'est de joie.

CHAPITRE X

LES CONTRAIRES EN MÉTAPHYSIQUE, EN PSYCHOLOGIE, EN PHYSIQUE. LE SOLEIL

Quelles jolies pages on écrirait sur ce phénomène étrange, *les larmes de joie*, si l'on était assez profond philosophe pour être charmant poète. La douce union de contraires ! la ravissante synthèse d'oppositions ! Et si des abîmes du sentiment nous volons aux cimes de l'abstraction et de la métaphysique, là encore nous trouvons des conciliations surprenantes. Si l'*unité* a un ennemi naturel, semble-t-il, c'est assurément la *pluralité*. S'il y a un contraire à ce qui est un, c'est certainement ce qui est multiple. Eh bien, admirez comme la nature nous donne l'exemple de la réconciliation et de la largeur d'esprit ! Observez-la, cette large et pacifique nature, prenez n'importe lequel des êtres qui la composent, vous y verrez réalisée cette alliance, j'allais dire cette mésalliance invraisemblable des choses qui s'excluent en apparence. Tout être est multiple, et tout être est un.

Je ne parle pas de l'*espèce*, très ingénieuse idée qui fait de tout être, tiré à des millions d'exemplaires, une unité et une collectivité à la fois. Je m'en tiens à l'*individu* : là, dans cet individu unique, isolé, l'union des contraires semble difficile ; elle existe. Et plus vous élevez vos regards du bas au haut de cette interminable échelle mystérieuse qui monte de l'atome à l'homme par tous les échelons de tous les règnes, plus large, plus profonde apparaît l'union des extrêmes, plus sonore éclate l'accord parfait des opositions. Ceci m'a toujours vivement frappé : plus l'être est élevé, plus il est ce que les esprits étroits nommeraient *contradictoire*, plus il est un et multiple à la fois. Chose étrange : plus il est un, plus il est multiple ; plus il est multiple, plus il est un. Aux degrés très inférieurs de l'échelle, dans un caillou par exemple, il y a peu d'unité : il y a peu de multiplicité aussi. Un caillou est à peine *un être*, un être à part, un être lui, un individu ; si bien que vous le cassez en deux, en trois, en dix, car il ne tient pas à son unité. D'autre part où est la pluralité, la division des parties dans un caillou ? Il n'y en a pas. Une pierre n'a pas de membres, pas d'organes ; tout est confus, mêlé, vague dans ce petit chaos où la distinction manque aussi bien que l'unité. Montez un degré de l'échelle : la distinction des parties apparaît déjà dans le végétal. Le végétal a une racine, une tige, des feuilles, des fruits, etc... et la feuille n'est pas le fruit, et la racine n'est pas la tige. La confusion n'a lieu que dans les végétaux inférieurs ; mais dans les végétaux supérieurs il y a distinction, multiplicité des parties : chacune a sa fonction spéciale, et l'une n'est pas l'autre. Eh bien, cela empêche-t-il l'unité ? Bien au contraire : un arbre est bien plus *un* qu'un caillou. Coupez-lui sa racine, il meurt parce qu'il est un. Il l'est moins cependant que l'animal, qu'un plomb suffit pour tuer : l'arbre peut perdre sa branche, l'animal ne perd pas ses membres. C'est que là tout se tient plus étroitement encore ; l'unité du tout est plus parfaite, plus profonde, bien que ce tout, remarquez-le, ce tout qui est plus un, soit en même temps plus multiple, plus divers, plus compliqué dans sa physiologie et son organisation. Les contraires s'appellent, — comme les deux électricités.

Que verrions-nous, si continuant l'ascension nous plongions dans les hauteurs de la vie humaine, de la vie morale, de cette vie d'affection et de pensée, où l'amour est d'autant plus digne de lui qu'il est plus uni à l'intelligence, où l'intelligence est d'autant plus belle qu'elle est plus imprégnée d'amour. Dans les bas-fonds, l'amour rampe seul, aveugle, et n'est presque pas l'amour; sur ses cimes mortes, isolée, la pensée se dessèche et n'est presque pas vivante. Mais prenez ces deux contraires : la passion d'une part et la pensée de l'autre; le sentiment, cette émotion obscure, et la réflexion, cette lumière froide; joignez ces extrêmes dans l'unité d'une âme par là même ardente et lumineuse, ardente et lumineuse à la fois : quelle belle chaleur et quelle chaude lumière ! — C'est que les extrêmes sont unis.

Jadis le Feu et la Clarté se disputaient dans l'espace immense (c'est une fable que je vous raconte, mais une vérité aussi). Le Feu était noir en ce temps-là, et la blanche Clarté était froide comme l'hiver. Quand le Feu passait, c'était un embrasement de chaleur noire; quand la Clarté apparaissait, on était glacé. Il n'y avait pas d'été possible, pas de fleurs écloses, pas d'oiseaux gazouillants. Tout restait morne, stérile, et la terre n'était qu'un vaste chaos au-dessus duquel planait l'éternel combat des deux féroces ennemis. Mais voici que soudain, las de se disputer vainement l'empire du monde, les deux ennemis crièrent : Paix ! et s'élançant l'un sur l'autre, non plus dans la haine mais dans un élan d'amour, le Feu et la Clarté s'embrassèrent. Aussitôt la blanche clarté devint ardente, et le feu noir apparut éblouissant. La terre eut un sourire, et dans ses flancs sentit le printemps tressaillir, car là-haut, au milieu du vieux champ de bataille, devenu le champ bleu de la paix et de la réconciliation, il y avait un grand Soleil d'or.

CHAPITRE XI

LA MUSIQUE

Si, maintenant, des questions philosophiques, je passe aux questions artistiques et littéraires (sans sortir pour cela de la philosophie, car la philosophie est comme l'air de la pensée, elle est partout), si je vous parle musique par exemple, que vous dirai-je? Je vous dirai que l'Art est dans l'union des contraires, tout comme la Métaphysique.

Quoi de vague, d'aérien, de mollement fuyant et insaisissable, comme la douce harmonie d'une mélancolique romance, qui nous enlève là-haut, comme le vent enlève un nuage, dans le pays des rêves et des indécises visions? Savez-vous pourquoi, dans vos heures d'émotion silencieuse, à la tombée du soir, cette romance fait perler à vos yeux la douce rosée des larmes, en ressuscitant devant vous ces vieux souvenirs qui vous ravissent de tristesse et de joie? Qu'y a-t-il donc au fond de ce chant de sirène, dans les replis de cette mélodie mystérieuse qui berce l'âme et caresse le cœur comme une brise d'amour ? Qu'y a-t-il au fond ?

Quelque chose de brutal, d'intraitable, de féroce : le chiffre.

L'arithmétique est le fond de la musique.

J'ouvre le traité de physique de M. Poiré, à la page 300, et j'y lis les rapports mathématiques qui suivent :

do	ré	mi	fa	sol	la	si	do
1	$\frac{9}{8}$	$\frac{5}{4}$	$\frac{4}{3}$	$\frac{3}{2}$	$\frac{5}{3}$	$\frac{15}{8}$	2

Si l'on commence la gamme par le do 3 (gamme du *la* normal), on a donc les chiffres suivants :

Nombre de vibrations pour chaque note :

do	re	mi	fa	sol	la	si
522,	522×$\frac{9}{8}$,	522×$\frac{5}{4}$,	522×$\frac{4}{3}$,	522×$\frac{3}{2}$,	522×$\frac{5}{3}$,	522×$\frac{15}{8}$,

La plus grave des notes usitées, do 2, correspond à 32 vibrations $\frac{5}{8}$.

Diézer une note, c'est multiplier le nombre qui la représente par $\frac{25}{24}$. Ainsi le *fa* de la gamme naturelle correspond à 696 vibrations, *fa* dièze correspondra à 696 multiplié par $\frac{25}{24}$ ou 725 vibrations. *Bémoliser* une note, c'est multiplier le nombre qui la représente par $\frac{24}{25}$; *si* correspond à 978,75 vibrations, *si* bémol correspondra à 978,75 multiplié par $\frac{24}{25}$ ou 939,6 vibrations.

Et voilà d'où sort la belle harmonie enchanteresse ! Voilà de quoi est fait Mozart,

>   .....dieu de l'émotion,
> Vers qui se tourne l'œil qui pleure et qui s'essuie.

Quand on démonte le luth,

> Le luth où se traduit, plus ineffable encore,
> Le rêve inexprimé qui s'efface à l'aurore,

on trouve au fond le chiffre pesant et inflexible.

> Dieu ! que Palestrina, dans l'homme et dans les choses,
> Dut entendre de voix joyeuses ou moroses !
> Comme il ouvrait son âme alors que le printemps
> Trempe la berge en fleurs dans l'eau des clairs étangs,
> Que le lierre remonte aux branches favorites,
> Que l'herbe aux boutons d'or mêle les marguerites !
>
> (V. Hugo.)

Eh bien, ce poète était un mathématicien sans le savoir ; ce qui le charmait dans ces voix mélodieuses, c'était ce qui constitue l'essence même de la musique : les caprices du son soumis aux lois du nombre, l'union, la fusion étrange des deux contraires, de ce que l'âme humaine a de plus insaisissable, de plus fugitif dans le plus aérien de ses rêves, de ce que la plus austère des sciences a de plus sec et de plus impitoyable. La musique, c'est du sentiment chiffré.

CHAPITRE XII

LA POÉSIE

Permettez-moi de vous citer à son sujet une page d'Hello, de celui que j'appelle quelquefois le Pascal inconnu du XIXe siècle.

« Le grand poète n'est pas seulement grand écrivain, dit Hello. Il est quelque chose de plus : il est ministre d'un mystère que je vais constater.

« Si l'on vous disait qu'il est une forme de langage particulièrement adaptée à la poésie, qui vit d'enthousiasme, vous répondriez peut-être : Cette forme de langage doit être la plus libre de toutes ; toutes les entraves doivent tomber devant elle, et le poète ne relève que de son inspiration.

« Or, le contraire arrive précisément. Il semble que l'homme ait pris à tâche de compliquer les difficultés, d'inventer, pour l'esprit qui s'envole, des chaînes inconnues. Le vers est une création mystérieuse dont l'habitude seule nous empêche de nous étonner.

« Qu'est-ce que la rime ? Un hasard en apparence. Si jamais personne n'eût fait un vers, et si quelqu'un vous disait : « Commencez »; sans doute, à ne consulter que le raisonnement, vous déclareriez la chose non pas difficile, mais impossible. Comment espérer que la phrase, sans violer la pensée, ramènera naturellement au bout de chaque ligne la consonnance exigée ; que la ligne aura douze syllabes, que les rimes masculines et féminines alterneront, et que ces exigences inouïes de la forme (qu'Hello est bien loin d'énumérer dans leur minutieux détail), qui devraient contrecarrer le sens commun, amener un jeu grotesque, une série de propos interrompus, revêtiront l'Idée d'un manteau royal qu'elle regretterait toujours, s'il n'était venu s'offrir à elle ?

« ... Ainsi comprimée et contrainte par sa loi, la poésie se dilate avec ampleur et surabondance : elle est l'expansion de nos désirs les plus intimes, les plus ardents. La parole puiserait-elle aussi dans le sacrifice une force d'élévation ? Ainsi éteinte en apparence, la poésie est la splendeur de la parole humaine ; ainsi rétrécie, elle enveloppe tout; ainsi captive, elle est le chant de la délivrance.

« Le vers est condamné au rythme, qui représente pour lui l'esclavage du temps et de l'espace. Et grâce à cet esclavage, la poésie éclate dans sa liberté ; elle domine le temps et l'espace, elle nous oblige à sentir en frissonnant le voisinage réel de l'éternité qu'on oublie. »

CHAPITRE XIII

LA PROSE

Et la prose, la belle prose indépendante et dégagée, n'a-t-elle pas, elle aussi, ses lois minutieuses et ses tyranniques observances? La phrase n'est-elle pas une espèce de vers, soumis à d'autres règles sans doute, mais à des règles presque aussi rigoureuses, aussi compliquées, que le vers proprement dit? Quelle est la phrase la plus belle? C'est la phrase à la fois la plus pleine d'âme, d'idée, d'enthousiasme, la plus audacieusement idéaliste d'une part, et de l'autre, la plus nette, la plus rigide, la plus scrupuleusement matérialiste, j'allais presque dire pharisaïque, tant la minutie est grande. Le vrai écrivain est à la fois un penseur libre, original, à l'aile souple et indépendante, et un forçat à la chaîne du mot, esclave d'un son ou d'une lettre. Sans doute l'esclavage lui est léger, et souvent inaperçu. Si on lui parlait de règles, sa fierté se révolterait peut-être : il pense, et la forme suit. Mais ces règles il les observe, sans le savoir, et elles sont innombrables : car si la perfection est une grande chose, elle est une minutieuse chose aussi. Toujours les contraires !

Lisez par exemple cette jolie demi-page d'un livre que je trouve sur mon bureau et que j'ouvre au hasard :

« La soirée était douce et le ciel s'éclairait. Une étoile brilla d'abord, puis deux, puis trois, puis des millions et des milliards. C'était un fourmillement d'astres. Des mondes et des mondes surgissaient sans cesse dans la profondeur infinie. Ils brillaient avec l'éclat des pierreries. La voie lactée ressemblait à un voile de vapeur diaphane, et les nébuleuses avaient de faibles miroitements de poudre diamantée. La douleur de la jeune veuve se calma par degrés devant la beauté de cet écrin céleste. Elle joignait les mains. Elle épelait en silence le nom puissant qu'elle voyait étinceler dans le livre du ciel. Les étoiles en étaient les lettres... Et elle se sentait si faible, si petite, pas même une poussière dans ces mondes infinis dont elle habitait une parcelle ! » (1).

(1) *Le Balcon de la Chênaie,* par M. du Campfranc, p. 157.

De combien de vétilles est faite l'harmonie de ce doux style berceur ! Toutes les syllabes en sont comptées, pesées, mesurées. « Et elle se sentait si faible, si petite, pas même une poussière, dans ces mondes infinis, dont elle habitait une parcelle. » Si vous lisez cette phrase en artiste, avec le sens de la mélodie parlée, vous comprendrez ce que je dis. Supprimez ou changez un mot, modifiez une consonnance, mettez « habite » au lieu d'habi*tait*, ajoutez « insignifiante » à parcelle ou donnez-lui un synonyme, et le charme est détruit : il y a une syllabe de trop, un son qui ne glisse pas, que sais-je ? Il n'est pas jusqu'à la multiplication de la voyelle ê (*fai*ble, *mê*me, pous*sière*, habi*tait*, parc*e*lle), qui ne contribue à la mélancolie de l'expression, ou plutôt à l'expression de la mélancolie du tableau.

C'est sur ces *vétilles* que notre âme s'envole vers les « mondes infinis », avec celle de la jeune veuve ; elles sont la moitié du style, mais elles ne sont pas tout. Elles ne seraient rien, ces *minuties*, elles ne pourraient rien sur le cœur et sur l'oreille, sans les *grandes choses* qu'elles servent à exprimer, sans l'idée dont elles ne sont que le signe sensible, et le style, pour poser un principe général, est d'autant plus beau, qu'à travers ces « mesquineries » de la forme, si petites et si nécessaires, apparaît un plus vaste idéal ou transpire un sentiment plus profond. Le style c'est l'union de ces contraires : l'âme et ses visions d'une part, la rhétorique et ses préceptes de l'autre. C'est la liberté dans la loi. *Sub lege libertas*, comme dit mon journal.

CHAPITRE XIV

LA MORALE. RAIL ET VAPEUR

Loi et liberté ! Ce n'est pas seulement la littérature ; c'est la morale. La morale est dans l'union de ces deux extrêmes : la loi, d'une part, quel que soit le nom qu'on lui donne, règlement, devoir, conscience, ou commandement de Dieu, la loi sévère et obligatoire; et d'autre part la liberté, cette chose personnelle, indépendante, cette fantaisie, cette passion. Otez l'un des deux termes de l'opposition, la morale disparaît. Vous n'avez plus qu'un esclave qui se soumet de force, — ou un libertin. Faire le bien, mais le faire librement, voilà la perfection morale.

Je ne vois pas toujours sans une certaine émotion... morale et artistique, passer, rapide, panache au vent, l'énorme locomotive entraînant son pesant convoi avec la légèreté de la force. Le prodigieux élan ! Quelle passion ardente brûle au sein de ce monstre de fer, dont le cœur est un brasier éblouissant ! Comme il ravagerait le monde ! Comme il m'écraserait sans me voir, moi pauvre fourmi humaine ! Mais la science l'a pris, ce monstre, dans sa belle main lumineuse, et lui a montré sa voie. Il la suit, fier et doux. Et au lieu de ravager le monde, il le sillonne en faisant le bien : il est le commerce, il est la vie moderne et l'union des peuples et la suppression des distances, et l'on dit, quand il passe : C'est la civilisation. Pourquoi cela ? parce qu'il a résolu le problème de la *conciliation* de la vapeur et du rail, de la liberté et de la loi, de l'énergie toute puissante et sauvage avec son doux contraire : la docilité intelligente et sereine. Et ce lion s'arrête comme un agneau partout où il y a des hommes et des enfants qui l'attendent ; il connaît la minute et la seconde ; ce qui ne l'empêche pas d'être un lion, qui entre en rugissant dans les capitales, et bondit de Paris à Saint-Pétersbourg. Je l'aime ce colosse de fer ; quand je le vois venir, je m'arrête et contemple : il arrive, énorme, effrayant, mais je ne recule pas, j'admire ; et quand il passe, comme un tonnerre, ébranlant l'air et le sol, je tremble aussi, mais sans avoir peur : je sais qu'il est terrible et qu'il ne me touchera pas. Et je salue en lui ma philosophie qui passe.

CHAPITRE XV

LA POLITIQUE

En toutes choses, je vous le répète, la perfection est dans l'union des contraires, dans la conciliation des extrêmes. Il serait quelque peu long et fastidieux de faire le tour de la terre et de la réalité pour vous démontrer ce que j'avance. Puisque je viens de parler morale, je n'ajouterai qu'un mot sur une science voisine, bien qu'elle n'en ait pas toujours l'air, la politique, si je ne savais par expérience que c'est un terrain brûlant. Mais, sans prendre parti pour ou contre les opinions de n'importe qui, ne puis-je vous faire remarquer ceci : c'est que chacun des deux partis en présence a son idéal que j'admets et que j'adore ?

L'Autorité et la Liberté! les deux puissances du monde! les deux pôles de la gloire sociale.

Qu'est-ce qu'un monarchiste ?

C'est un homme qui sent le besoin de l'autorité.

Qu'est-ce qu'un républicain ?

Un homme qui sent le besoin de la liberté.

Peut-être puis-je ajouter sans malice que le besoin n'est pas toujours satisfait, et que l'histoire des Louis XVI et des Charles X d'une part, de la Terreur et des crochetages de l'autre, pourrait bien prouver que nos monarchies et nos républiques manquent de fidélité à leur idéal. Alors même qu'elles n'y manquent pas, que la monarchie est vraiment une autorité, et la république un état de liberté, la misère humaine trouve encore moyen de tout gâter et de tout corrompre. Et l'autorité dégénère en absolutisme, et la liberté en licence. Louis XIV, ou l'anarchie. Pourquoi cela?

Parce que le parti au pouvoir ne songe qu'à réaliser son idéal — quand il cherche à le réaliser —, et méprise l'idéal opposé, qui se venge. L'autorité méprisée est vengée par la licence ; la liberté dédaignée est vengée par la tyrannie.

Séparé de son contraire, chaque idéal se corrompt; ou plutôt l'idéal complet, le seul vrai idéal, est fait de la conciliation des extrêmes, peut-être impossible en ce monde dans sa totalité magnifique. L'Etat parfait, que nous rêvons tous, mais dont les partis étroits, hélas! se partagent la belle essence absolue, l'Etat parfait est la grande synthèse harmonieuse des deux tendances qui luttent depuis le commencement du monde : la majesté du pouvoir, et la fierté de l'individu ; l'esprit monarchique et l'esprit républicain. Quel sera l'avenir ? Ce que j'en sais, c'est qu'il dépend d'un point : l'étroitesse ou la largeur des esprits et des doctrines. Serons-nous assez larges un jour pour le concevoir et l'embrasser d'un bout à l'autre de sa majestueuse ampleur, ce vaste idéal aux deux pôles séparés par tant de milliers de lieues? Aurons-nous le cœur assez grand pour la grande politique, pour la synthèse *de l'autorité la plus absolue et de la liberté la plus entière?*

CHAPITRE XVI
ÉPILOGUE ET PROLOGUE

Je viens de nommer la *synthèse*. Vous savez que mon rêve philosophique est celui-ci : *la synthèse universelle*, l'immense synthèse de toutes les idées de l'esprit humain. Rappelez-vous l'océan et les rivières. Je n'ai guère fait jusqu'à présent, dans ce livre de *l'union des contraires*, que vous amorcer à mon idée, donner ma largeur d'esprit, l'envergure de ma doctrine ; je n'ai fait qu'étendre les bras, en quelque sorte, entre les deux points extrêmes, que montrer les pôles. Il s'agit maintenant d'embrasser la sphère.

Commençons.

LIVRE TROISIÈME

LES SYSTÈMES

CHAPITRE I

MA PROFESSION DE FOI PHILOSOPHIQUE

Tout : l'Orient et l'Occident, les écoles d'Asie et celles d'Europe, l'Inde et l'Egypte, les Ioniens et les Eléates, les Atomistes et les Dogmatistes, Socrate, Platon, Pythagore, Aristote, Pyrrhon, Epicure, Zénon, Lucrèce, Cicéron, Sénèque, Epictète, Marc-Aurèle, les Alexandrins, Plotin, Proclus, saint Augustin, saint Anselme, Roscelin, Guillaume de Champeaux, Abélard, le réalisme, le nominalisme, le conceptualisme, saint Thomas, Duns Scot, le sensualisme et l'idéalisme, Bacon, Hobbes, Gassendi, Descartes,

Spinoza, Malebranche, Bossuet, Fénelon, Pascal, Bayle, Locke, Leibnitz, Condillac, les philosophes français, les idéologues allemands, les psychologues écossais, Reid, Kant, Fichte, Schelling, Hegel, Dugald Stewart, Spencer, Mill, Cousin, Jouffroy, Taine, Confucius, Vacherot, Biran, J. Simon, Caro : j'admets tout, — moins la limite.

CHAPITRE II

L'OBJECTION

Je la pressens, l'objection formidable Vous me regardez avec un air stupéfait, — non pas vous peut-être, ô philosophe ! mais le lecteur, et peu s'en faut qu'il ne referme le livre comme on referme la porte en sortant d'une cellule d'aliéné.

Ecoutez-le, ce bon lecteur, que j'aime tant à stupéfier, en ne disant que la vérité même : Un système philosophique, cela ? mais c'est tout simplement l'imbécillité mise en système ! Tout admettre ? Admettre Platon, et le contraire de Platon ? Admettre Zénon après avoir admis Epicure, l'Evangile avec le Coran, Bossuet avec Confucius, Spinoza avec Descartes ? Mêler le panthéisme et le déisme, le matérialisme et l'idéalisme ? Dire à ceux qui affirment l'âme, Dieu, la vie future : Vous avez raison ; et à ceux qui les nient : Vous n'avez pas tort ? Faire un immense pot pourri de toutes les opinions contradictoires, un gâchis de tous les systèmes, un épouvantable entassement d'idées en révolte les unes contre les autres, qui éclatent en se touchant, qui hurlent et se mordent, et roulent pêle-mêle les unes sur les autres ? Ecraser tout cela sous le pressoir de votre pensée, et en faire sortir une philosophie nouvelle, claire et limpide, prête à nous désaltérer de son flot pur ? En vérité, Monsieur, vous abusez du droit de railler vos lecteurs ; et nous voyons bien maintenant que vous êtes... sinon un samaritain et un possédé, — du moins un pitoyable farceur et un malhonnête imbécile.

CHAPITRE III

UNE TROUVAILLE PHILOSOPHIQUE

Cher ami, vous qui me connaissez, vous savez que ma bonne foi est entière. Vous me comprendrez, vous, et cela me suffit. Les autres me comprendront s'ils consentent à me suivre.

Je saisis fort bien l'objection, trop naturelle pour que je ne l'aie pas prévue : « Vous prétendez réunir tous les systèmes, mais les systèmes sont en contradiction perpétuelle et flagrante : admettre l'un c'est rejeter l'autre, forcément, nécessairement. Si Taine a raison, Bossuet a tort. Le blanc est l'exclusion du noir, et si prodigieusement large que puisse s'ouvrir votre esprit, vous n'arriverez pas à y loger la conciliation des irréconciliables et — à moins d'être Hegel — l'*identité des contradictoires.* »

Ami lecteur, vous êtes judicieux, mais avez-vous jamais songé à ceci : S'il existait une recette pour enlever aux systèmes leurs contradictions, pour les fondre ensemble par leurs bouts opposés, comme on fond ensemble, en les approchant du feu, deux morceaux de cire qui se heurtent par leurs extrémités froides? Si la réflexion, cette magie intellectuelle et intelligente, avait découvert la céleste pierre philosophale de la paix et de l'union? S'il existait, le moyen de faire tomber les murs de séparation des doctrines ennemies, et de désarmer les forces adverses? Si, deux systèmes étant en présence, deux systèmes radicalement contradictoires, on pouvait, non pas unir ces contradictions — ce qui serait absurde en effet — mais les supprimer par enchantement, et ne plus laisser face à face que les deux rivaux étonnés de se jeter dans les bras l'un de l'autre?

Eh bien, c'est ce que je vais vous montrer.

CHAPITRE IV

L'ESPRIT ÉTROIT. UN DÉSASTRE

Tous les grands esprits ont cherché, et moi qui ne suis qu'un petit esprit — faisant son possible pour être large — j'ai cherché, modestement et à ma manière, quelle pourrait bien être, en toutes choses, l'unique cause, intime et profonde, des dissensions, des désaccords, des haines, des guerres, et pour tout résumer dans le mot philosophique, des *contradictions*.

Or, voici ce que j'ai trouvé : l'unique cause, c'est *l'esprit étroit*.

L'esprit étroit est la cause de tout le mal. C'est lui qui enferme les idées dans des prisons et les sépare par des murailles dont l'épaisseur les empêche de s'entendre. C'est lui qui prend la Pensée, la grande pensée universelle et complète, et la découpe en tronçons, et lance ces pauvres tronçons meurtris en guerre les uns contre les autres. C'est lui qui crie à Zénon : Mort à Epicure ! et à Epicure : Mort à Zénon !

C'est lui qui fait du chimiste l'ennemi du théologien, du positif l'ennemi du mystique. C'est lui le créateur des partis, des castes, des cases, des cages !

C'est lui le père des systèmes.

Un système est une prison, ou plutôt c'est une ruine. Y a-t-il des désastres sur la terre de l'esprit ? Je relisais l'autre jour, dans un charmant volume d'ailleurs, le récit de l'horrible catastrophe qui a bouleversé Ischia :

> Toutes les maisons étaient à terre, ne formant qu'un amas de décombres sous lequel gisaient les morts, sous lequel agonisaient les blessés. Quel effroyable supplice que cet écrasement !... Le vaste hôtel n'était plus qu'une masse informe de pierres, de poutres, de débris. Et toujours les mains se tendaient désespérées, sortant de l'amas des ruines et montrant des bras sanglants, meurtris, parfois dépouillés de leurs chairs.
>
> Des personnes de tout âge, de toute condition, cherchant avec angoisse, des parents, des amis disparus...
>
> Une partie de l'église était en ruines, le clocher gisait à terre, etc.

Je ne sais pourquoi, mais il me semble lire, dans cette page de roman, une page de philosophie. Toute l'histoire de la philosophie m'apparaît dans ce tableau, comme en une comparaison frappante de justesse. Je crois voir, avant tout désastre, la belle Vérité debout, fraîche, vive, heureuse, animée, riante comme le radieux Eden de l'homme.

Puis le désastre arrive, et la Vérité est massacrée, prise sous des ruines, et

> La belle liberté dans la belle lumière

se change en un amoncellement de prisons.

> Et une poutre vous broie la poitrine, une pierre vous brise les os; un être humain, tombé près de vous, dans une convulsion suprême vous serre à la gorge. Les membres sont libres, mais la tête est prise dans un étau, et les yeux sortent de l'orbite, les traits s'écrasent, ou bien les membres sont prisonniers, sont torturés, et la tête, restée libre, pense :
> — Tout à l'heure, tout sera fini...

C'est ainsi que l'Idée m'apparaît, éparse en débris dans les systèmes étroits qui la retiennent et l'écrasent. Trop petits pour loger la Vérité tout entière, ils se la partagent en la meurtrissant, et Celle qui aime la vie et l'immensité gémit broyée sous des ruines. Quel est ce tas de cailloux ? C'est le matérialisme qui la retient par les pieds. Quelle est cette barre de fer ? C'est le fatalisme qui lui écrase la tête.

Vous m'interrompez : Belle description assurément, mais où voulez-vous en venir ?

A ceci : délivrer la vérité.

— Fort bien, mais qu'appelez-vous la vérité ?

— Tout simplement le contenu des systèmes.

Ma prétention n'est pas de vous créer une vérité nouvelle, mais de reconstituer simplement, par la réunion des idées éparses, la grande idée universelle. Ce que je veux, c'est refaire la Philosophie avec les membres détachés et disjoints des philosophies partielles, et vous la présenter dans toute la splendeur de son intégrité gracieuse. J'espère que vous l'aimerez ainsi.

— Mais, encore une fois, comment vous y prendrez-vous pour délivrer la grande victime, et retrouver ses membres épars dans cent philosophies, dans cent religions qui se contredisent, je vous le répète et vous le savez comme moi, qui diffèrent au point de se battre, qui luttent par l'esprit au point de s'égorger par l'épée ! Vous me parlez d'une recette pour concilier les inconciliables, et supprimer les contradictions comme par enchantement : je serais bien curieux de la connaître.

— Votre curiosité se conçoit, et votre désir est bien légitime. Si pareille recette existe, c'est la fin des guerres, c'est la paix assurée dans le domaine de l'intelligence. Par suite, c'est la paix partout, s'il est vrai, comme je le crois, que ce sont les idées qui mènent tout. Certes, la main pleine d'une si belle vérité, si j'étais Fontenelle, je me garderais bien de l'ouvrir. Mais je ne suis pas Fontenelle, et je vais l'ouvrir toute grande. Il n'y a peut être que vous qui en profiterez, mon ami. Eh bien, tant pis pour le monde.

CHAPITRE V

DIALOGUE LYONNAIS

Ne rien exclure, que l'exclusion; ne rien supprimer que la limite. Voilà mon principe, voilà ma philosophie.

Je vous disais tout à l'heure : l'esprit étroit, voilà l'ennemi. Il est l'ennemi, parce qu'il est le père des disputes.

Or, qn'est-ce que l'esprit étroit? C'est un esprit d'exclusion.

Dites à un paysan que la lune est un monde habitable, du moins qui a pu être habité. Il vous répondra que la lune est faite pour nous éclairer la nuit. — Sans doute, mais l'un n'empêche pas l'autre.

Pour l'esprit étroit, *l'un empêche toujours l'autre.* Pour lui, la lune ne saurait être une terre, puisqu'elle est une lune.

Des faces multiples, innombrables peut-être, des choses, l'esprit étroit n'en aperçoit qu'une, ordinairement la plus petite ; mais on lui pardonnerait de n'apercevoir que celle-ci, si un secret orgueil ne le poussait à *exclure* les autres.

On pressent de suite combien cette disposition d'esprit est favorable aux disputes.

Je m'imagine une maison carrée, avec fenêtres aux quatre faces ; ou, sans rien imaginer, je me représente mes voisins. Supposez à l'un pour perspective, le Rhône majestueux et rapide, à l'autre, la Saône calme et paresseuse, avec le va-et-vient de ses jolies bateaux-mouches. L'un, si vous le voulez, n'a jamais vu la Saône, et l'autre ignore que le Rhône existe. Retenus dans leur chambre respective et dès leur enfance, par quelque infirmité cruelle, qui éloigne d'eux le genre humain et les nouvelles du monde, ils ont pour toute consolation la vie à la fenêtre et la possibilité de correspondre entre eux, si vous le voulez encore, par téléphone ou autrement. Doués d'ailleurs d'une étroitesse de conception suffisante à leur bonheur, aucun d'eux n'a jamais soupçonné d'autre horizon que l'horizon contemplé dès le berceau. Leur imagination peu féconde se refuse à en admettre un autre.

Vous entendez d'ici les étranges dialogues qui remplissent leurs journées heureuses :

— Quel beau temps aujourd'hui !
— Splendide.

(Jusque-là, ils sont d'accord, parce qu'ils ne sont pas assez éloignés pour que les contraires à cet égard soient simultanément possibles).

— Le beau ciel ! et comme le fleuve est bleu !

— Le fleuve ? vous voulez dire la rivière, car enfin la Saône n'est qu'une rivière.

— La Saône ! vous vous obstinez à l'appeler la Saône ! Voilà peut-être la centième fois que je vous dis que c'est le Rhône.

— Excusez-moi : c'est bien la Saône que tout le monde la nomme. Vous pouvez le demander à ce portefaix qui passe, si vous doutez de cela.

— Monsieur, d'abord ce n'est pas un portefaix qui passe : c'est un garde urbain.

— Monsieur, je le vois : c'est un portefaix.

— Je vous demande bien pardon ; c'est un garde urbain.

— Monsieur !...

— Chut ! Laissez-moi admirer ce magnifique vapeur qui va s'engouffrer sous le pont.

— Vous voulez dire cette chaloupe à rames qui...

— Comment une chaloupe à rames ? Etes-vous aveugle ?... Vous ne voyez pas ce bateau à vapeur avec ses deux cents passagers ?... C'est sans doute parce qu'il vous crève les yeux ?

— Vous vous moquez de moi. Je vois cette barque.

— Il n'y a pas de barque !...

— Il n'y a pas de bateau à vapeur !...

— Taisez-vous ! m'écriai-je, moi qui de ma vie n'ai quitté ma place Bellecour où je n'ai jamais vu ni le Rhône ni la Saône, taisez-vous et laissez-moi contempler la belle revue militaire que nous avons là sous les yeux. Admirez, Messieurs, voici le général.

— Encore un imbécile !

— C'est vous, Messieurs, qui avez la berlue.

— Vous êtes un âne.

— Et vous un illuminé.

— Le diable vous emporte !

Et voilà la guerre. Que faudrait-il pour établir la paix ?

Oter le germe de la dispute.

Et quel est le germe de la dispute ?

L'esprit d'exclusion.

CHAPITRE VI

DES PHILOSOPHES QUI NE S'ENTENDENT PAS

Appliquez ce qui précède aux disputes des philosophes, aux systèmes.

L'idéaliste. — Au fond, tout n'est qu'idée de notre esprit. Le *moi* seul existe (Fichte, Schelling). Qu'est-ce que le monde? une collection d'images cérébrales, c'est-à-dire en somme, de sensations de mon être. C'est moi qui fais le monde. Le monde n'existe qu'en mon esprit. En lui-même le monde n'existe pas. La matière n'est rien (Berkeley). — Et qu'est-ce que Dieu? un pur idéal (Renan), une conception de mon esprit encore. En lui-même, Dieu n'existe pas; il n'existe que dans mon idée, car tout n'est qu'idée. Tout n'est qu'idée de l'homme. L'homme est tout : c'est lui qui fait la vérité de ce qu'il croit, et la sainteté de ce qu'il adore (Renan).

Le matérialiste. — L'homme n'est rien, qu'un animal comme les autres, un peu plus luxueux peut-être, un peu plus aristocrate, quand il n'est pas plus misérable ou plus sot. Un peu moins bien, un peu mieux organisée, la Matière existe et remplit tout. C'est le monde, et le monde seul existe. Qu'y aurait-il en dehors? Qu'y aurait-il au-dessus? Dieu? un mot. L'âme? une entité scolastique. L'univers immense, avec ses forces fatales, avec ses lois nécessaires, voilà l'unique, voilà l'indiscutable et scientifique réalité. (Taine, Moleschott, Büchner, Hæckel, etc., etc.).

Le panthéiste. — Petits esprits que vous êtes ! Tous ces êtres que vous disséquez, tous vos chiens et tous vos canards ne sont que des apparences. L'homme lui-même n'est qu'un rêve, comme le chantait Pindare : un rêve divin. Vous niez Dieu ! et Dieu seul existe. L'Etre seul existe ; c'est évident. Les êtres ne sont que ses formes extérieures et passagères ; c'est lui qui fleurit dans le jasmin, qui rugit dans le lion du désert, qui pense dans la pensée et qui aime dans l'amour (Spinoza), ou, si vous voulez que le monde existe, appelez-le du moins « la réalité de Dieu » (Vacherot).

L'athée. — Le monde Dieu ! Il faut avoir bien envie d'en avoir un ! Je crois au monde tout court, moi, c'est le pratique, et cela me suffit.

Le panthéiste. — Je sens Dieu, vous dis-je ; seul il existe.

L'idéaliste. — C'est l'esprit de l'homme ; seul il existe.

Le matérialiste. — Vive la matière ! seule elle existe.

Comment concilier tous ces messieurs ?

CHAPITRE VII

UN MOYEN DE LES METTRE D'ACCORD

Comment concilier Taine et Vacherot, Renan, Lucrèce, Spinoza, Gassendi, Berkeley, les rêveurs et les positifs, la pensée et le scalpel, l'ange et la bête, l'aile et la griffe ? La synthèse est-elle possible de pareilles antithèses ?

Oui.

Mais que faire ?

Faire tomber les murs de séparation.

Oter la limite.

Supprimer les bornes.

Quand les rivières entrent dans l'Océan, elles n'y entrent pas avec leurs rives ; elles font, en entrant, le sacrifice de leurs limites, de leur étroitesse ; sans quoi elles ne pourraient jamais s'unir, et la Mer, cette sublime synthèse, serait impossible.

Il n'y a *que* la matière, ô matérialiste, petit savant ?

J'écris moi : *Il y a la matière.*

Il n'y a *que* l'esprit, *que* l'idée, ô idéaliste, petit penseur ?

J'écris : *Il y a l'esprit, l'idée.*

Il n'y a *que* Dieu, ô panthéiste, petit rêveur?

J'écris moi : *Il y a Dieu.*

Il y a la matière, il y a l'esprit et il y a Dieu.

Et tout est concilié.

Pauvres petits cerveaux étroits, vous pensiez donc que l'un empêchait l'autre?

CHAPITRE VIII

LES PETITS CERCLES FERMÉS

Cher ami, vous êtes un esprit large, et c'est pourquoi je vous apprécie et vous aime. Une conception, dans votre cerveau, ne trouble pas une autre conception, et vous accueillez toutes les formes de la réalité immense. Mais tous ne vous ressemblent pas : il y a l'homme vulgaire qui s'enferme dans la routine, et il y a le penseur vulgaire qui s'emprisonne dans le système.

Leur dernier mot est toujours un *Non!* Ils font un cercle, et tant pis pour le reste du monde.

Qu'est-ce qu'un matérialiste par exemple ?

C'est un chimiste qui ne voit que sa cornue, ne comprend que sa cornue, ne conçoit que sa cornue. S'il voyait l'âme dans sa cornue, il y croirait.

Qu'est-ce qu'un idéaliste ?

Une espèce d'égoïste qui ne voit que son idée, son Moi ; une grenouille qui voudrait être le bœuf, et s'enfle pour faire entrer le monde et Dieu sous sa peau verte.

Pauvre petite bête! Et qu'est-ce qu'un panthéiste?

Un étroit encore, — profond, mais étroit, qui ne peut se faire à l'idée de plusieurs substances. C'est plus simple de n'en admettre qu'une. Le panthéiste est un esprit qui conçoit fortement l'*unité*, mais aux dépens de la *pluralité*, qu'il nie, ne pouvant concilier ces deux contraires. Je le préfère au matérialiste, qui ne voit que la multiplicité des choses, mais ce n'est qu'une moitié de philosophe encore.

Il est fort commode assurément, en face des deux termes du problême : l'Etre d'un côté et les êtres de l'autre, Dieu et le monde, l'Infini et le fini, d'exclure simplement l'un des deux termes, ou, ce qui revient au même, de le réduire de l'autre. Mais ce n'est pas une synthèse cela, c'est un tour d'escamotage. Dans ma conception de Dieu, le monde m'embarrasse : je le biffe. Dans ma conception du monde, Dieu me gêne : je l'ôte. J'obtiens, par ce procédé, un petit tout homogène, simple, d'une clarté apparente qui satisfait les esprits superficiels, c'est-à-dire presque tous les esprits.

Sauf les penseurs !

Le penseur est un esprit vaste, qui ne recule pas devant les larges synthèses. Il ne détruit rien, parce qu'il se sent assez fort pour tout embrasser. Il n'exclut rien, il concilie tout. C'est l'unité qu'il cherche lui aussi, comme tous les philosophes, mais non cette unité mesquine, factice, étroite, du petit système intolérant et exclusif : il creuse assez profond pour trouver l'Unité vraie, celle qui, dans l'immensité de son sein, nourrit en paix les contraires eux-mêmes, comme la terre porte ses pôles, unis par les milliers de lieues qui les séparent.

LIVRE QUATRIÈME

SUIS-JE ÉCLECTIQUE ?

CHAPITRE I

L'ÉCLECTISME DE COUSIN

Mais, me dites-vous, où est votre promesse de respecter les systèmes et d'accepter toutes leurs idées ? En voici trois que vous venez d'éreinter de la belle manière.

— Je la tiens, ma promesse, cher ami. J'ai dit : Je crois à tout, et c'est vrai : je crois à tout. J'admets toutes les idées, et c'est pourquoi précisément je n'en veux rejeter aucune...

— Mais c'est ce que vous ne faites pas. Vous prenez ce que bon vous semble dans un système, puis vous laissez le reste, le déclarant faux et mesquin.

— Est-ce que vous ne m'auriez pas compris ? Je ne rejette absolument rien de tout ce que m'affirme un système. Je prends son contenu tout entier. Ce que je repousse c'est la borne; ce que j'exclus c'est l'exclusion. Mais ceci n'est pas son contenu : c'est sa limite.

Tant qu'un philosophe pense, je lui dis : C'est bien. Mais à l'instant où, las de penser, il s'arrête et s'emprisonne, je passe à un autre. On n'entre pas dans les ruches pour y rester, mais pour y prendre le miel.

Et du miel je ne laisse pas un rayon. Suis-je éclectique ? Non, car je prends tout.

En tous cas, si vous tenez absolument à m'appeler un éclectique, parce qu'en effet *j'ai l'air* de choisir, je ne le suis pas à l'étonnante manière de ce bon Victor Cousin qui a osé écrire la demi-page suivante :

.....Ces vérités (les vérités philosophiques) sont enfouies dans des systèmes où elles sont liées à de spécieuses erreurs. Il faut donc savoir reconnaître que ces vérités sont des vérités et non pas des erreurs; et on ne peut le faire si l'on n'a pas une mesure d'appréciation, un principe de critique, *si on ne sait pas ce qui est vrai, ce qui est faux, et on ne peut le sa-*

voir qu'autant qu'on a fait soi-même une étude suffisante des problèmes philosophiques, de la nature humaine, de ses facultés et de leurs lois. » (*Philosophie contemporaine*, p. 299.)

Voilà qui est par trop naïf ! Cousin consent bien, pour se donner le prestige d'un esprit large, à errer à travers les systèmes, mais que leur prendra-t-il? Tout? Non, quelque chose. Et quel est ce quelque chose qu'il leur prendra ? Qu'acceptera-t-il? Que rejettera-t-il? Ce qui *lui semblera* vrai, ce qui *lui semblera* faux. Et que regardera-t-il comme vrai ? Que regardera-t-il comme faux? Ce que *ses études* lui auront montré tel. En sorte qu'il déclarera vrai dans les systèmes tout ce qu'il sait déjà être vrai, tout ce qui est vrai *d'après lui;* il acceptera toutes les idées qui voudront bien de pas lui déplaire ; quant aux autres, elles n'ont droit qu'à son dédain. Elles ne sauraient être bonnes, puisqu'elles ne sont pas les siennes.

L'éclectisme commode! Se faire une philosophie d'abord, puis dire : Maintenant je vais consulter les autres ; — seulement, comme je suis sûr d'avoir raison, les autres auront tort toutes les fois qu'ils ne seront pas de mon avis.

J. B. me disait un jour : « Votre système n'est pas nouveau ; c'est tout simplement l'éclectisme de Cousin. » — Avec cette différence, comme pour la fameuse écrevisse que mon *système* : 1° n'est pas l'éclectisme de Cousin ; 2° n'est pas un éclectisme ; 3° n'est pas un système.

CHAPITRE II

UN BOTANISTE INTRANSIGEANT

Entrons dans le détail d'un exemple.

Une comparaison d'abord. Cela éclaircit les idées.

Voici trois sciences : minéralogie, botanique, zoologie. Chacune, n'est-ce pas, a son domaine, assez vaste pour fournir à l'activité d'une longue vie de savant, mais qui pourtant n'exclut pas les autres. Ces trois mondes, minéraux, plantes, animaux, se concilient parfaitement dans la grande synthèse de la nature, et botanistes, minéralogistes, zoologistes vivent en paix.

L'harmonie naturelle est faite de cette union des trois mondes.

Mais supposez maintenant que par impossible, cet affreux microbe, ce ferment des disputes, *l'esprit étroit*, s'introduise un jour dans la bonne pâte de nos savants naturalistes, comme il se glisse si aisément dans la cervelle des philosophes.

Qu'advient-il immédiatement?

Ceci : les sciences se font systèmes.

Qu'est-ce à dire ? — Elles vont s'exclure et se heurter.

Le botaniste s'écrie :

J'admets la plante. La vie végétative est véritable. Sève ascendante, descendante, liber, écorce, tige, racines, bourgeons, vrilles, corolles, calices, étamines, pistil, pollen, graine, acotylédones, monocotylédones, dicotylédones, je sais tout cela. J'ai passé vingt ans dans les cellules des feuilles, et j'admets que Salomon dans sa magnificence n'ait jamais été vêtu aussi richement qu'un lys. Parlez-moi péripétalie, hypopétalie, épipétalie, épicorollie, péricorollie, hypocorollie, hypostaminie, péristaminie, épistaminie : j'y crois. C'est le réel, cela. Et c'est la poésie. Que les fleurs sont belles !

Comme le matin rit sur les roses en pleurs !
(V. Hugo.)

Oui, tout cela je l'admets. J'admets la réalité végétale, la science végétale, la poésie végétale. Ce monde-là est admirable, et vraiment scientifique.

Mais ne me parlez pas de l'autre monde, *du prétendu monde des animaux.*

Animaux vous-mêmes! Je n'y crois pas. Une vie qui serait faite de sensibilité, d'instinct, de mouvement volontaire, ne se conçoit même pas. Nous en avons les apparences sous les yeux, c'est possible, mais ce ne sont que des apparences. Etudiez le chien de près, de la tige aux racines, ou, comme vous dites, de la tête aux pieds; étudiez-le avec son tissu plus ou moins fibreux, avec ses cellules analogues à celles des plantes, avec ses vaisseaux dits sanguins parce que leur sève est rouge, vous constaterez que le chien est tout simplement une sorte de végétal d'une espèce singulière, — analogue peut-être à celle que les jardiniers nomment « la gueule de loup », laquelle aboierait sans doute, avec de légères modifications. Non, je n'admettrai jamais l'animal, tel que le conçoivent les animalistes, *— en tant qu'être supérieur et distinct. Pareille conception sortirait entièrement du cadre scientifique. Ou l'animal est une plante, ou il n'est rien: la plante, voilà* LA RÉALITÉ.

CHAPITRE III

PROFESSION DE FOI MINÉRALISTE

Le système précédent fit du bruit chez les omnigos dont je parle. M. X... qui avait passé de longues années dans l'étude des roches granitiques et fait de nombreuses expériences sur les liquides et les gaz, en entendit parler. Il n'était pas *végétaliste* lui, il était *minéraliste.* Plus positif encore que le précédent, plus radicalement dégagé de tout *préjugé animaliste*, c'est-à-dire *supra-naturel*, il lança immédiatement une brochure pour tirer les dernières conséquences et formuler les suprêmes conclusions. C'était un logicien, M. X..., et il n'eut pas de peine à prouver que le coup porté à *l'animalisme* par M. Z... abattait *le végétalisme* lui-même :

Soyons franc et n'hésitons pas à le dire, la végétation est une hypothèse, *tout aussi bien que l'animalité. On devrait en avoir fini avec ces superstitions d'un autre âge, car ces croyances à des vies supérieures à la matière n'ont aucun fondement dans la réalité. Vous niez la vie animale, fort bien; mais la vie végétale se justifie-t-elle mieux? Nullement. La* plante *est une entité scolastique. Disséquez un chêne, que trouvez-vous ? En fin de compte, une formule chimique. La chimie! voilà* la science.

Une idée est le produit d'une combinaison analogue à celle de l'acide formique; la pensée dépend du phosphore contenue dans la substance cérébrale; la vertu, le dévouement et le courage sont des courants d'électricité organique (1)... *Le vice et la vertu sont des produits comme le sucre et le vitriol* (2). *Le végétaliste est de cet avis, comme moi il ne croit pas à l'instinct, mais il a conservé une* entité, *une chimère: la* vie, *la vie végétante du rosier et du saule. Il croit à la salade. C'est encore un superstitieux à sa manière. Moi je suis libre: je n'admets que mes métaux et mes métalloïdes, et avec cela j'explique le monde. Il ne m'en faut pas tant! Azote, carbone,*

---

(1) *Revue médicale.*
(2) Taine.

hydrogène, oxygène : en voilà assez pour rendre raison de tous les monstres que vous forgent à plaisir tous les bons végétalistes. Donnez-moi la plus étincelante des fleurs : je me fais fort de la réduire à un peu de vapeur dans une fiole. Le gaz, voyez-vous, le gaz et la pierre, voilà les maîtres du monde. Parlez-moi porphyre, granit, basaltes, grès, sables, argiles, calcaires, gypse, silicates : voilà la terre. Parlez-moi azote, oxygène, air, acide carbonique, nuages, vapeurs d'eau : voilà le ciel. Qu'y a-t-il en dehors ? Rien. L'Univers est un minéral immense. Il n'y a pas d'autre réalité.

CHAPITRE IV

LE MANIFESTE D'UN ANIMALISTE. LES DÉBATS S'ENVENIMENT. CLOTURE DES DÉBATS

Le pamphlet de M. X... révolta très fort les partisans du chien et du cheval. Une réaction devait s'ensuivre, et le parti *animaliste* publia son manifeste :

L'être supérieur, l'animal seul, a la réalité véritable. Il suffit de marcher sur la patte d'une levrette, pour s'assurer de la délicatesse de la sensation nerveuse. On ne peut pas plus révoquer en doute l'instinct de la bête, que la lumière du soleil. L'animal existe ; bien plus, je le répète : l'animal seul existe. Qu'est-ce que la plante ? Un animal inférieur ; et le mot d'animaux-plantes *(χoophytes) est là pour confirmer ma croyance. Qu'est-ce que la pierre ? Un animal informe, qui souffre peut être, qui sans doute, un jour hurlera dans la hyène ou bêlera dans l'agneau.*

Le minéraliste est un gros stupide, comme son caillou, et le végétaliste est un stupide gracieux, comme sa rose. La vérité la voici : non seulement tout vit, mais tout sent ; tout est animé, comme le chante Victor Hugo aux dernières pages de ses Contemplations ; *le caillou est une pauvre bête, et la rose une bête ravissante à la parure parfumée. Touchez du doigt la gentille sensitive : le beau papillon rapproche-t-il mieux ses deux ailes diaprées qu'elle ne referme l'une sur l'autre ses deux petites feuilles tremblotantes ? Ne bat-elle pas des mains comme nous, de ses mignonnes mains vertes ? Est-ce que les fleurs blanches, au printemps, n'ont pas sous les nids de fauvettes, de légers mouvements d'amour ?*

Oui, il n'y a qu'un monde, mais ce n'est pas le vôtre, ô minéraliste ! ce n'est pas le vôtre, ô végétaliste. La nature n'est ni un vaste minéral, ni un végétal gigantesque ; c'est un animal, et voilà la vraie, la seule admissible, la seule scientifique réalité.

Les débats étaient ouverts. On discuta, discuta, discuta ; puis on se disputa. Chacune des trois écoles eut sa revue, son journal, ses partisans fanatiques, ses adversaires acharnés. Des arguments, parfois, on en venait aux coups. Les coups, comme il arrive, ne faisant qu'enfoncer les opinions, les esprits de plus en plus se heurtaient, et, pour mieux s'exclure, se rapetissaient encore. Le parti ne suffisait plus : on créa la caste, et dans la caste même, la coterie. Les trois écoles s'éparpillèrent en une foule de petites écoles ; dans les prisons, chacun se fit sa prison. Il en faut pour toutes les tailles. Les premiers animalistes avaient admis les espèces animales, toutes les espèces animales : d'aucuns trouvèrent cela exagéré ; on prit parti pour l'une à l'exclusion des autres. Tel animaliste se déclara *caniste* : il n'admit plus que le chien. Tout devait être chien, ou ne pas exister. La sarigue n'était qu'une chienne à poche pectorale, le rat un chien minuscule dévoré par un chien à griffes, vulgairement nommé chat.

Tel autre était *féliniste*.

Aimez-vous les félins ? On en a mis partout.

Il y avait les *ratistes*, les *équistes* (equus, cheval), les *simiens* (simius, singe) ; ceux qui soutenaient que nous étions tous des huîtres, ceux qui nous faisaient sortir d'une gelée animale, vivant au fond des mers tièdes de l'équateur antédiluvien.

L'école *végétaliste* se morcelait, elle aussi : les classifications se multipliaient, et s'anathématisaient mutuellement. Les plantes se battaient, à qui dévorerait toutes les autres. Tel jardinier végétaliste qui avait pris parti pour le saule, pariait qu'il n'y avait qu'à gratter les autres arbres pour faire reparaître le saule primitif, et il mit trente ans d'efforts inouïs à essayer de convertir un jeune chêne, indocile à son idée.

Que dire des *minéralistes?* Chacun des corps simples était devenu un dieu, qui avait son adorateur exclusif et fanatique. Pour celui-ci, il n'y avait que l'or (la race n'en a pas disparu); sa vie fut vouée à la recherche de la pierre philosophale, qui devait prouver sa thèse et convertir tout en or. Pour celui-là c'était le charbon : l'homme n'était qu'un gros morceau de charbon, et il suffisait de brûler un homme pour s'assurer de la chose. Il y avait les *hydrogénistes*, les *oxygénistes*, les *aquistes* (ne pas confondre avec les équistes de l'école animaliste), qui consentaient à élargir leur esprit jusqu'à la synthèse de l'hydrogénie et de l'oxygénie, et admettaient l'eau comme principe des choses ; ils se regardaient comme de grands esprits, et ont produit les *Litanies de la Mer*, de Jean Richepin, poète *aquiste* :

> *Sainte Mère de Dieu*, car c'est toi la patrie
> De l'homme, et Dieu naquit dès que l'homme eut rêvé !...

On ne peut pas être plus *aquiste* que cela : Dieu et l'humanité ramenés à l'eau ! A fortiori, tout le reste en sort-il. Il n'y a que l'eau.

Pour d'autres, il n'y avait que le vin. (Ah ! de ceux-là aussi la race ne s'est pas perdue !)

D'autres tenaient pour l'atome noir, rond ou crochu... — Je n'en finirais pas si je voulais seulement nommer les systèmes qui pullulaient comme les champignons au bord d'un pré. C'était à en perdre la mémoire, c'était à en devenir fou.

Où serions-nous aujourd'hui, sans un homme — de bon sens celui-là — qui parut alors chez les omnigos, et leur parla en ces termes :

« Messieurs, je suis de votre avis à tous... »

Les omnigos dressèrent les oreilles.

Il continua :

« Messieurs les animalistes, j'admets le règne animal.

« Messieurs les végétalistes, j'admets le règne végétal.

« Messieurs les minéralistes, j'admets le règne minéral. »

Stupéfaction prolongée.

Puis se tournant vers chacun des petits groupes qui s'anathématisaient dans tous les coins des trois écoles rivales :

« Messieurs les canistes, j'admets le chien.

« Messieurs les félinistes, j'admets le chat.

« Messieurs les aquistes, j'admets l'eau.

« Messieurs les ivrognes, j'admets le vin...

« Pourquoi ne pas mélanger tout cela?

« J'admets tout, vous dis-je, parce que tout se concilie, et cette conciliation ce n'est pas seulement la paix et la largeur d'esprit : c'est le monde. »

Depuis, il n'y a plus d'omnigos.

Pourtant, quelques-uns survécurent, et nous aurons peut-être dans ce volume l'occasion de les voir réapparaître, légèrement modernisés.

Quant à l'homme de bon sens qui termina tout par la conciliation universelle, peut-on l'appeler un éclectique, comme Cousin dont vous parliez tout à l'heure ?

Non, car l'esprit large ne *choisit* pas.

Cousin se croyait le droit de choisir, de glaner dans les systèmes. Qu'eût-il fait chez les omnigos? Il eût *choisi* chez les animalistes *quelques* bêtes, les plus belles sans doute; chez les végétalistes *quelques* jolies plantes; chez les minéralistes, les pierres précieuses les mieux taillées pour l'aristocratique finesse de son écrin philosophique.

On l'eût pris pour un esprit très large : il n'eût été qu'un omnigo complaisant et civilisé.

LIVRE CINQUIÈME

GRANDS ESPRITS ET PETITS ESPRITS

CHAPITRE I

CE QUE JE PRENDS ET CE QUE JE LAISSE

MA méthode est plus large que l'éclectisme. C'est LA LARGEUR D'ESPRIT même. Je ne recule devant aucune idée : je n'enlève au penseur que son esprit d'exclusion, ce par quoi il n'est plus penseur.

Ce qui me donne *l'air* de choisir et de ne pas tout prendre — comme faisait Cousin et comme je ne veux pas faire — c'est qu'en effet je fais *deux parts* dans les hommes et dans les livres.

Mais quelles sont ces deux parts ?

D'un côté, *toutes les idées*, et voilà ce que j'accepte. De l'autre toutes les exclusions, toutes les absences d'idées, tous les rejets d'idées ; — et voilà ce que je rejette. J'exclus l'exclusion, — *précisément pour ne rien exclure*.

En tout homme il y a deux esprits qui luttent : l'esprit large qui ouvre des horizons, et l'esprit étroit qui les referme. J'empêche les horizons de se refermer.

Est-ce que j'enlève quelque chose ?

Rien.

Je n'enlève rien à Colomb et à sa sublime découverte. Mais si Colomb, enivré des splendeurs de l'Amérique entrevue, s'était avisé de nier l'Europe, il n'eût été, en cela, qu'un imbécile. Il se fût emprisonné dans sa découverte, devenue système, et l'ombre de l'idiotisme eût passé sur ce front de grand homme.

Dans notre siècle, que de grands hommes idiots !

Eh bien, je dis à l'idiot : Va-t-en ! et je reçois chez moi le grand homme. Est-ce que je reçois moins que si je recevais les deux ?

Est-ce que la grandeur est diminuée, quand on en a extrait la petitesse?

Bien au contraire, elle est augmentée d'autant.

Eclaircissons tout ceci par des exemples.

CHAPITRE II

NEWTON LE GRAND

Newton est et restera le type incontesté du savant moderne.

On dit *le grand Newton*, et pourquoi est-il grand ? parce que (je vais vous répondre par une vérité de la Palisse) parce qu'il n'y a rien en lui de petit ; parce qu'après avoir ouvert des horizons magnifiques, il n'en a fermé aucun ; parce qu'il sentait, lui le génie humble (l'humilité est la sœur du génie), il sentait l'immensité de la science possible derrière la science acquise. Quand il eut écrit son nom là-haut, dans les lois de la gravitation universelle, quand il eut dans sa main la clé des cieux, il sut, dans son enthousiasme, se défendre de ce sot orgueil, principe de toute erreur comme de toute faute, qui n'est pas seulement antimoral, mais antiscientifique, parce que, sous un faux air d'élévation et de force intellectuelle, il a, comme le rat de la Fontaine, comme tous les esprits faibles, la sottise enfantine de prendre son horizon pour l'immensité, son regard exclusif et partiel pour la synthèse des connaissances humaines.

Newton est, au contraire, un des types de la largeur d'esprit que je rêve. Pour lui la vérité était Océan, et sa sublime découverte, celle qui contenait toute la science moderne, celle qui chantera jusqu'à la fin des siècles la gloire de Newton et de Képler, il la comparait au coquillage cueilli par un enfant au bord de la mer immense !

Parmi les nombreux savants ou demi-savants actuels qui n'ont pas cette humilité grandiose, je pourrais citer M. Flammarion.

Puisque ce nom populaire vient de tomber de ma plume, voulez-vous, cher ami, que nous intitulions un chapitre : *M. Flammarion et la largeur d'esprit ?* Vous savez que le brillant vulgarisateur, qui ne dédaigne pas de penser parfois, se pique précisément de largeur d'esprit. Je vais donc lui appliquer ma méthode, prendre sa mesure à mon mètre philosophique, et vous donner sa taille. Ma sympathie naturelle à l'égard du poétique écrivain ne m'empêchera pas de la prendre exacte. Je suis faillible, mais mon mètre est sûr.

CHAPITRE III

LA LARGEUR D'ESPRIT ET M. FLAMMARION

Il y a deux hommes en M. Flammarion. Je prends M. Flammarion comme type du savant contemporain.

Il y a, en lui l'esprit large, celui qui s'ouvre aux idées, qui admet les découvertes, qui s'enthousiasme de la grandeur, de la poésie de l'Univers. C'est le disciple de Newton, c'est le barde de l'armée des mondes.

Que de belles demi-journées j'ai passées en compagnie de cet homme là :

> Pendant les douces soirées d'été, en cette heure charmante où la dernière note de l'oiseau qui s'endort reste suspendue dans les bois, où les caresses de l'atmosphère parfumée glissent comme un frisson à travers le feuillage, où les gloires éteintes du crépuscule ont déjà fait place aux mystères de la nuit, nous aimons à rêver en contemplant la transformation magique du grand spectacle de la nature, en assistant à cette glorieuse arrivée des étoiles qui s'allument une à une dans les vastes cieux, tandis que le silence étend lentement ses ailes sur le monde. Jamais l'âme n'est moins seule qu'en ces instants de solitude. Nulle parole n'est plus éloquente que ce profond recueillement. Notre pensée

s'élève d'elle-même vers ces lointaines lumières ; elle se sent en communication latente avec ces mondes inaccessibles. Mars aux rayons ardents, Vénus à la lumière argentée, Jupiter majestueux, Saturne plus calme, nous apparaissent, non plus comme des points brillants attachés à la voûte céleste, mais comme des globes énormes, roulant avec nous dans l'abîme éternel... Le globe que nous habitons ne constitue pas à lui seul la création entière, mais au contraire il n'en est qu'une partie infiniment petite et un rouage presque insignifiant. A côté de lui voguent dans l'espace des mondes habités comme lui. Des millions de systèmes planétaires analogues au nôtre planent dans l'immensité profonde... Des milliers et des millions de soleils versent à grands flots dans l'étendue, l'énergie, la chaleur et les ondulations diverses qui émanent de leurs foyers... L'immensité est transfigurée devant nos regards : les soleils succèdent aux soleils, les mondes aux mondes, les univers aux univers ; des vitesses formidables emportent tous ces systèmes à travers les régions sans fin de l'immensité, et partout, jusqu'au delà des bornes les plus lointaines où l'imagination fatiguée puisse reposer ses ailes, partout se développe dans sa variété infinie la divine Création, dont notre microscopique planète n'est qu'une imperceptible province. (1)

Voilà l'esprit large ; voilà l'astronomie moderne.

(1) *Terres du ciel.*

CHAPITRE IV

L'ÉTROITESSE D'ESPRIT ET M. FLAMMARION

Voici maintenant l'esprit étroit, voici l'ignorant et l'imbécile.

Car un savant peut être un grand ignorant. Enfermé dans ses connaissances particulières de physicien ou d'astronome, cloîtré dans sa spécialité d'où il ne voit jamais que la même face des choses, retiré à vie, comme la taupe ou le mineur, dans sa galerie scientifique et dans un oubli croissant de tout le reste, il lui faudrait une foi bien ferme ou un bon sens bien robuste pour ne pas céder à la longue à l'illusion si naturelle de prendre son trou pour l'Univers, — surtout quand ce *trou* c'est le ciel étoilé ! Toutes les faces de la réalité sont si belles, qu'une science suffit pour éblouir un homme, et lui faire nier ou dédaigner toutes les autres. Pour le chimiste la chimie est tout, et l'univers est une splendide cornue : l'âme n'est rien. Un spécialiste est instinctivement exclusif.

Et n'est-ce pas là, pour le dire en passant, l'une des causes du matérialisme de notre siècle? Plongé tout entier, et de plus en plus, dans l'étude approfondie de la matière et de ses merveilles, il en a reçu des éblouissements qui l'ont aveuglé pour le reste, et lui font traiter les sciences spirituelles *d'hypocrisies* (1) ou de *chimères*. Tout siècle comme tout homme, ne croit qu'à ce qu'il sait ; or on ne sait que ce qu'on étudie, comme on ne voit que ce qu'on regarde. Pour le naturaliste le surnaturel est un mot, comme la matière serait un mot pour le métaphysicien, s'il était aussi facile de s'aveugler sur elle que sur le monde invisible.

Ne parlez pas à M. Flammarion d'autre chose que d'astronomie. Tout n'est-il pas là ? et qu'avons-nous besoin du reste ? Sans l'astronomie ne serions-nous pas « comme des aveugles dans une cave » ?

Et le cher homme n'aperçoit pas que c'est lui qui est dans sa cave étoilée !

La Bruyère eût esquissé de malins croquis

---

(1) *L'hypocrisie métaphysique, l'hypocrisie théologique*, ce sont des mots courants du vocabulaire d'Auguste Comte.

sur cette sorte de vanité scientifique qui donne à chaque savant l'illusion mesquine de se croire au sommet des choses, et d'enfermer toutes les idées dans le cercle de son petit horizon.

Ne parlez pas à M. Flammarion de toutes ces sciences qu'on appelle : la métaphysique, la théologie, la morale, la religion. Il n'y a que l'astronomie, tout le reste est vanité. Tout le reste ne prouve rien. Avant elle, remarquons-le, non seulement nous ne savions rien (car tout le reste n'est qu'un rien en comparaison du ciel), mais ce rien même, nous *ne pouvions pas* le savoir. Nous ne *pouvions rien savoir*.

Ici la thèse devient délicate. Mais M. Flammarion se charge de nous la prouver.

Suivez le raisonnement. Il est décisif contre le christianisme, le judaïsme, le bouddhisme, contre l'existence de César, d'Alexandre, la vôtre, la mienne, et une foule d'autres *hypothèses* aussi peu astronomiques.

MAJEURE. — *En dehors de tout, il n'y a rien.*

Mineure. — *Or l'astronomie est tout.*

Conclusion. — Donc « *en dehors d'elle il n'y a rien ; à côté d'elle il y a ... l'erreur.* »

Rappelez-vous Newton, et comparez s'il vous plaît. Voilà ce qu'a dit Flammarion.

Si *l'esprit étroit* se faisait astronome, que dirait-il ? Il dirait ceci : EN DEHORS DE L'ASTRONOMIE IL N'Y A RIEN ; A CÔTÉ D'ELLE IL Y A ... L'ERREUR.

Ce serait sa formule même. Et ceci se lit en toutes lettres, en plein XIXe siècle, à la page 6, 29e ligne, du splendide volume illustré, *les Terres du ciel*, 11e édition, 1er janvier 1884.

Et c'est là-dessus que M. Camille Flammarion a bâti toute sa philosophie. Lui aussi s'imagine que l'univers des idées « tient dans sa coquille (1) ».

(1) *Terres du ciel*, p. 758, note.

CHAPITRE V

L'ENLISEMENT SCIENTIFIQUE. L'HUITRE.
UN MARIAGE ASSORTI.

J'aimerais bien à vous montrer comment ne voyant que sa coquille, M. Flammarion essaie d'y faire entrer tout le reste, au risque de la faire éclater; comment il la bourre d'infini, de divin, de vie universelle et éternelle, de tout ce qui ne tient pas dans les coquilles. Nous verrons cela ailleurs. Laissez-moi aujourd'hui vous citer un autre exemple de savant embourbé dans son terrain. Vous connaissez cet horrible phénomène si bien décrit par M. du Campfranc, dans *le Balcon de la Chênaie,* et qu'on nomme *l'enlisement.*

Les pieds forment empreinte; on veut les soulever, pensant que le sol sera plus résistant; mais jusqu'à la cheville les pieds enfoncent. Ah! qu'est-ce donc que ce sol? Maintenant le malheureux en a jusqu'aux genoux... Il s'inquiète, son œil se dilate, il veut fuir ce linceul qui, de seconde en seconde, l'enveloppe avec une lenteur de cruel bourreau, de bourreau implacable. Il en a jusqu'à la poitrine; il n'est plus qu'un buste et ses bras s'agitent... Il n'est plus qu'une tête! La bouche crie et implore, le sable la ferme. Les yeux regardent désespérés, la marne les voile. Il reste encore un front, puis une mèche de cheveux, puis une main qui se crispe convulsivement .. Et puis rien. L'homme est dans le gouffre, le sable l'a couvert, et, à l'heure dite, la mer roule paisible sur sa tombe.

L'effrayant phénomène, n'est-ce pas ? Eh bien, le nombre des savants *enlisés* est considérable à notre époque.

Prenez un médecin par exemple. Tout médecin est admirable ; mais neuf fois sur dix le médecin est matérialiste. Pourquoi ?

Il est *enlisé* dans son terrain, enlisé dans sa physiologie.

On représente les matérialistes comme de méchants hommes. Sans doute, il y a des matérialistes par méchanceté ; mais beaucoup ne le sont, et c'est la majorité peut-être, que par *enlisement*.

Esprits étroits, admirablement plongés dans leur spécialité savante, mais incapables d'en sortir, embourbés.

Le poisson est un embourbé de l'eau. S'il avait assez d'esprit pour composer une sottise, j'imagine qu'il passerait par sa cervelle à peu près les mêmes raisonnements que ceux d'un médecin matérialiste : il ferait fi du monde aérien et suprasensible. Le poisson de mer surtout se gorgerait d'une belle fierté, en contemplant l'immensité de son domaine; il ne manquerait pas de donner à l'océan le nom de *l'infini*, comme Flammarion le donne au ciel étoilé, et de poser en formule : « La synthèse maritime embrasse tout; en dehors d'elle il n'y a rien; à côté d'elle il y a ... l'erreur. »

>Collée à son rocher, une huître discutait
>   Avec un crabe, animal amphibie.
>L'huître est presque toujours forte en philosophie.
>   Comme absurde elle rejetait
>   Ce que l'autre lui racontait
>Du monde aérien étendu sur leurs têtes.
>   « Bah ! vous nous contez des sornettes,
>Avec cet autre monde invisible aux poissons !
>L'homme ? pure chimère ! et les oiseaux, chansons !
>Parlez-moi maquereaux, sardines et crevettes :
>Ceci c'est la nature observable, et j'y crois ;
>Mais le surnaturel n'est pas scientifique ;
>Tel est le dernier mot de la haute critique.
>Je suis positiviste et crois ce que je vois. »
>   Elle en eût dit bien plus encore
>Sans un grappin de fer qui, plongeant sous les eaux,
>Vint décrocher du roc la savante pécore.
>   Un gros Anglais, friand de tels morceaux
>   Vous lui prouva d'une façon sommaire
>   Que l'homme hélas ! n'est pas une chimère (1).

(1) Villefranche.

Oui, la science de l'huître, telle est bien la science d'une foule de petits savants actuels. Et remarquez que par ce mot je ne prétends pas leur faire injure. La bête marine peut raisonner à merveille sur les choses de la mer ; le savant contemporain peut nous enlever d'admiration au récit de ses exploits sur la matière. Tant qu'il parle de ce qu'il sait, il parle d'or, et je l'écoute dans un religieux silence. Soit que, m'ouvrant la porte de l'infiniment petit, il me fasse faire de longs et intéressants voyages dans des pays d'un millimètre carré, et me plonge dans les immensités d'une goutte d'eau peuplée comme un monde ; soit qu'analysant au télescope (ce microscope des astres), l'une des gouttes de lait de la voie lactée, il m'y montre quelques millions de soleils ; j'accueille avec intérêt toujours, souvent avec enthousiasme, cette révélation grandissante des splendeurs inconnues de l'universelle création. J'applaudis au plus humble des ouvriers de l'intelligence à son degré le plus inférieur, là même où elle ne s'exerce qu'à distinguer le quartz du mica et la soude de la potasse. Oui j'estime le manipulateur et sa cornue, l'herborisateur et son herbier. Ils ont commerce avec la vérité eux aussi. Sans doute, c'est une vérité pharmaceutique et bourgeoise ; elle ne leur parle pas le grand langage de la haute philosophie ou de l'amour idéal. Elle ne quitte pas le terre à terre de l'oxygène et du carbone, et jamais, avec elle, ils ne perdront pied comme les aigles ; mais qu'importe ? Ne faut-il pas des vérités pour tous les goûts, comme il faut des mariages assortis ? Cela me rappelle la jolie page de Gustave Droz, dans *Tristesses et sourires*, sur les mariages d'épiciers :

« Maintenant, il faut bien dire que cette union de cœur et d'esprit dont je parlais tout à l'heure, n'est pas le rêve de tout le monde. Beaucoup d'époux n'ont entrevu et souhaité que la communauté de petits intérêts matériels qui unit deux voyageurs assis dans la même patache et se rendant au même endroit.

« Ces gens-là, ronflant sous le même rideau, mangeant dans la même écuelle, passez-moi le mot, s'estiment unis autant que faire se peut, et leur vie s'écoule joyeuse et douce, dans l'échange des familiarités intimes qui, pour eux, constituent l'amour.

« De plus en plus ravis de se trouver pareils, ils s'estiment, se goûtent, se font écho, échangeant leurs petits riens en bons camarades, et leurs deux âmes, couplées comme bassets, trottinent côte à côte, le museau dans l'ornière.

« Ils sont heureux et ne s'en cachent pas ; de sorte qu'on leur porte envie lorsque, bras dessus, bras dessous et le sourire aux lèvres, ils se promènent ensemble par une belle matinée de printemps. Que se disent-ils, le savez-vous ?

« Ils causent de leur calorifère : Madame est pour le coke ; Monsieur est pour le bois.

« Et cette lutte tendre, autant que courtoise, ne cessera qu'avec la vie.

« Tout est pour le mieux, en somme, puisqu'ils sont habillés à leur taille, mais était-il besoin que Dieu tendît la main pour bénir ce petit commerce ? »

Ce dernier mot est bien malhonnête. Pour moi, j'estime infiniment les épiciers et les pharmaciens.

CHAPITRE VII

LA PHILOSOPHIE D'UN ÉPICIER

Seulement l'épicier, quelquefois, veut parler de l'univers, ce qui lui serait bien permis s'il revenait de voyage. Le mal est qu'il veut parler de l'univers *mais sans sortir de son épicerie.* Oh ! il la connaît à merveille sa belle épicerie, très complète. Il est de première force sur les huiles et les raisins secs, et sait par cœur toutes les variétés du genre *bougie* ou *orange.* Seulement il a entendu prononcer, par des gens qui ne sont pas des épiciers, certains mots étranges dont il ne se rend pas bien compte ; il a entendu parler de certaines soi-disant réalités qui ne seraient ni des huiles ni des fruits secs, ni des bougies ni des oranges. Tout d'abord il n'y veut pas croire ; mais les mots demeurent obstinés. Correspondraient-ils à des choses? C'est étrange. Cela n'est pas dans l'épicerie. Et pourtant cela doit y être. Si cela n'y était pas, c'est que cela n'existerait pas *objecti-*

vement, c'est clair. Car tout est dans l'épicerie. En dehors, il peut y avoir des rêves, des chimères, des abstractions peut-être ; les poètes ont leur Idéal, et en tant qu'idéal « ne nions pas qu'il existe, mais plaçons-le nettement en dehors de toute réalité » (Renan). Car enfin l'idéal ne saurait être, puisque tout le réel est dans l'épicerie. C'est vrai qu'on parle beaucoup de Dieu, de l'Etre, l'humanité a l'air d'y croire ; mais au fond qu'est-ce que l'être ? |ce sont mes pruneaux. En dehors de l'épicerie, l'être n'est qu'une abstraction ; il ne se réalise que dans l'épicerie et par l'épicerie (Vacherot). Oh ! je ne suis pas athée. Je suis un honnête homme ; je crois au vice et à la vertu : c'est le sucre et le vitriol (Taine). Je crois à l'amour et à la pensée ; les voici : c'est le miel et le phosphore. Et je suis un esprit large... Mon épicerie est une philosophie éclectique, qui admet tous les produits du monde (Cousin). L'étude de ces produits qui a occupé ma vie entière, constitue les sciences, lesquelles sont au nombre de six : prunologie, citronologie, sucrologie, ficologie, bougiologie, bonbonnologie.

« Ce résumé succinct comprend l'ensemble du savoir humain... Au-delà de cet ensemble, on ne peut plus imaginer que spéculations sur l'essence des choses et sur les causes dernières ; mais essences des choses, causes dernières, questions théologiques et métaphysiques, tout cela est en dehors de l'expérience (1) » (Littré). L'expérience ne donne qu'une chose : l'épicerie. Qui a produit l'épicerie, cette magnifique demeure ? Sans doute une évolution des matériaux qui la composent, évolution lente du ciment en pierre, de la pierre en bouchons, des bouchons en cire, de la cire en fruits secs, jusqu'à l'épicier enfin, roi de la création et dernier terme de l'ascension de l'être (Darwinisme), car « pour moi, je pense qu'il n'est pas dans l'univers d'intelligence supérieure à celle de *l'épicier*, en sorte que le plus grand génie de notre *épicerie* est vraiment le prêtre du monde, puisqu'il en est la plus haute réflexion » (Renan Ernest).

Oh ! que les épiciers sont de grands philosophes ! Ils ont la hauteur, la profondeur, surtout la longueur...

Seulement la largeur manque.

(1) *De l'Epicier et du Positiviste.*

CHAPITRE VIII

TAINE, LITTRÉ, RENAN, DARWIN, ETC.

Je viens de citer de bien grands noms à propos de ce pauvre épicier : Taine, Renan, Darwin, Littré, Cousin, Vacherot. Remarquez que je mentirais à ma méthode et que je manquerais moi-même de largeur d'esprit, si je n'acceptais pas d'avance *toutes les idées* de ces messieurs.

Je les accepte toutes.

Quand Littré, par exemple, m'énumère ses six sciences : mathématiques, astronomie, physique, chimie, biologie, sociologie, — j'approuve.

Quand Darwin me montre la mystérieuse échelle de la vie ascendante, qui va du ciron à l'homme par échelons insensibles, par gradations délicates et nuancées, — j'admire.

Lorsque Taine m'affirme l'influence du tempérament dans l'homme et des milieux dans l'histoire, et fait grande la part de la matière, de la digestion, du sang, de l'hérédité, de toute la machine, — je lui dis : Tu n'as pas tort, physicien.

Lorsque Renan, s'élevant plus haut, ajoute que nous rêvons l'idéal, que l'idéal existe dans nos cerveaux enthousiasmés, que « Dieu est la catégorie de l'idéal », — je lui dis : Vous avez raison, poète.

Quand Auguste Comte me parle de trois mouvements de l'esprit humain : théologique, métaphysique, positif, j'accueille cette classification.

Je suis de cœur avec l'honnêteté de son illustre disciple, s'écriant qu'il faut enfin, au XIXᵉ siècle, « connaître, aimer et servir l'humanité », rêvant d'élever à la hauteur d'un culte ce service et cet amour de l'humanité : « L'humanité est un idéal réel qu'il faut connaître (éducation), aimer (religion), embellir (beaux-arts), enrichir (industrie), et qui de la sorte tient toute notre existence individuelle, domestique et sociale, sous sa direction suprême (1). » Oui, je signerais ces belles paroles.

Je signerais toute la métaphysique de Vacherot, avec son *être* abstrait qui se

---

(1) Littré.

réalise dans la nature et dans l'homme, sous forme matière, sous forme esprit. Tout cela est d'une simplicité naïve, et admirablement vrai. — Pour moi d'ailleurs tout est vrai, vous le savez.

C'est précisément parce que tout est vrai pour moi, que, voulant concilier tous les systèmes, je les empêche de s'exclure en s'enfermant dans un égoïsme étroit.

Tout est vrai : donc les bornes sont fausses.

Or, remarquez ceci : Taine, Renan, Littré, Vacherot et les trois quarts des philosophes de tous les temps et de tous les lieux, sont hérissés de bornes mesquines, pleins de vides (sans jeu de mots), de vides qui les séparent les uns des autres. Si je veux unir *toutes leurs idées à tous*, en une immense synthèse universelle et vivante, il faut de toute nécessité que l'esprit large s'en mêle, et que l'esprit étroit de chacun soit sacrifié.

Donc

CHAPITRE IX

Quand Littré m'énumère ses six sciences: mathématiques, astronomie, physique, chimie, biologie, sociologie, — j'approuve. Mais quand il ajoute avec l'épicier : Il n'y en a pas d'autres, « ce résumé succinct comprend l'ensemble du savoir humain », — je l'empêche de clore ainsi l'horizon.

Quand Darwin me montre la mystérieuse échelle de la vie ascendante qui va du ciron à l'homme par échelons insensibles, par gradations délicates et nuancées, — j'admire. Mais quand il nie l'existence de *l'espèce*, du type immuable, et brouille tout comme l'omnigo dont j'ai parlé, je lui dis : Tu n'es qu'un omnigo.

Lorsque Taine m'affirme l'influence du tempérament dans l'homme et des milieux dans l'histoire, et fait grande la part de la matière, de la digestion, du sang, de l'hérédité, de toute la machine, je lui dis : Tu n'as pas tort, physicien; et moi aussi je suis matérialiste. Mais s'il ajoute : Le tempérament c'est tout, le milieu c'est tout, la matière c'est tout; la digestion, le sang, l'hérédité, tout est là ; l'homme n'est qu'une machine; je lui crie : Tu n'es qu'un machiniste embourbé.

Lorsque Renan s'élevant plus haut, ajoute que nous vivons d'idéal, que l'idéal existe dans nos cerveaux enthousiasmés, que « Dieu est la catégorie de l'idéal », je lui dis: Vous avez raison, poète. Mais s'il veut empêcher l'idéal d'être réel, et d'exister en dehors de nos cerveaux, j'ajoute : Tu n'es qu'un farceur.

Quand Auguste Comte me parle des trois mouvements de l'esprit humain : théologique, métaphysique, positif, j'accueille cette classification. Mais s'il exclut l'un par l'autre, j'exclus moi-même ses exclusions.

Je suis de cœur avec l'honnêteté de son illustre disciple, s'écriant qu'il faut enfin, au XIXe siècle, « connaître, aimer et servir l'humanité », rêvant d'élever à la hauteur d'un culte ce service et cet amour de l'humanité: « L'humanité est un idéal réel qu'il faut connaître (éducation), aimer (religion), embellir (beaux-arts), enrichir (industrie), et qui de la sorte tient toute notre existence individuelle, domestique et sociale, sous sa direction suprême. » Oui, je signerais ces belles paroles. Mais si elles sont une prison ; si elles excluent l'existence au-dessus de l'humanité d'un idéal infiniment plus réel, d'un réel infiniment plus idéal, plus digne d'être connu, aimé, servi, chanté, et de tenir l'humanité tout entière sous sa direction suprême; si le culte de l'homme exclut le culte de l'Etre; si l'esprit étroit pose la borne entre le positivisme et le spiritualisme qui ne cherchent qu'à s'entendre, je proteste, au nom de la synthèse universelle des idées.

Quand Vacherot enfin me developpe sa métaphysique, avec son *être* abstrait qui se réalise dans la nature et dans l'homme, sous forme matière, sous forme esprit, — pourquoi m'y opposerais-je ? Il est clair que l'être abstrait devient réel dans la nature et dans l'homme, et je ne vois pas que M. Vacherot soit en cela ni matérialiste puisqu'il admet l'esprit, ni même panthéiste comme Spinoza. Mais si cet être abstrait et vide s'oppose à l'être plein et vivant, si cet être vague et général qui se réalise dans la nature et dans l'homme, refuse pour complaire à M. Vacherot, de se réaliser éternellement en Dieu, je lève l'opposition sans tenir compte du refus. Et du coup, je réconcilie Vacherot et Jules Simon, l'ancien et le nouveau spiritualisme.

Et ainsi du reste. Ce n'est pas moi qui concilie les systèmes : j'ôte la borne seulement, et ils sont conciliés. Tout se concilie où rien n'est exclu.

LIVRE SIXIÈME

LA PHILOSOPHIE UNIQUE ET TOTALE

CHAPITRE 1

IL N'Y A QU'UNE SEULE PHILOSOPHIE

Sortons des détails. Quelle est la grande conception des choses, la plus large, la seule large?
Evidemment, celle qui contient toutes les autres.

On est frappé, à la surface, par la multitude des philosophies; on est scandalisé de leur nombre, dérouté par leurs divergences; on hésite, on doute... S'il n'y en avait qu'une, on ne douterait pas.

Mais c'est là précisément ce que je voudrais crier au monde : IL N'Y EN A QU'UNE.

Il n'y a qu'une philosophie : LA PHILOSOPHIE, dont les systèmes partiels et tronqués ne sont en quelque sorte, comme on dit en zoologie, que des *arrêts de développement*.

Une des plus belles découvertes de la science zoologique est assurément celle-ci : l'unité du règne animal.

L'unité est toujours une chose splendide à voir.

On n'avait vu longtemps que la diversité des espèces, multitude sans ordre et sans lien, variées à l'infini, presque contradictoires à force de dissemblances.

Depuis un siècle, l'unité apparaît.

On a découvert et on admire ceci : Il n'y a au fond, sous la diversité des espèces, *qu'un* type animal, plus ou moins arrêté dans son développement : nous y reviendrons plus loin.

C'est même cette unité, pour le dire en passant, qui a ébloui Darwin, et lui a fait nier la distinction des espèces, autre pôle de la vérité zoologique. De deux idées contraires on nie aisément l'une, l'ancienne si l'on est un petit esprit *avancé*, la nouvelle si l'on est un petit esprit *conservateur*. C'est l'infirmité humaine de ne pouvoir aller au pôle nord sans s'éloigner du pôle sud, ni au pôle sud sans oublier le pôle nord. Le progrès marche en zigzag ; à l'avenir de faire les synthèses. Mais revenons.

Je dis qu'il n'y a qu'une philosophie, comme il n'y a qu'un type animal, renfermant dans son unité la distinction des espèces.

Il n'y a qu'une philosophie, comme il n'y a qu'un ciel, contenant dans son immensité tous les mondes.

Et pour m'en tenir aujourd'hui à cette dernière comparaison, je vous dirai que l'astronomie m'est toujours apparue comme une image splendide de la philosophie véritable. J'aime tous ces horizons ouverts, cette largeur d'esprit pour qui la terre est petite, tant les cieux sont grands !

Jadis, vous le savez, on ne croyait qu'à la terre. Et l'erreur, vous le savez aussi et remarquez-le bien, n'était pas de croire à la terre, mais de ne croire *qu'*à elle (les *que* sont toujours à retrancher). On niait la pluralité des *mondes* (un système est toujours cela). La terre semblait si vaste, si large, si encombrée de magnificences, avec ses montagnes géantes, ses peuples, ses forêts, ses océans ! et elle l'est en effet. Tant qu'on admire, on n'a jamais tort : la science moderne, en les regardant au microscope, n'a fait que centupler notre admiration pour la terre et ses merveilles. L'insecte est un roi vêtu de splendeur, le moindre ruisseau des champs charrie en chacune de ses gouttes d'eau enchantée des spectacles féeriques. J'ai dans mon jardin autant de chefs-d'œuvre que de fleurs et de brins d'herbe, et ce n'est pas seulement le lis, c'est la moindre mousse, c'est le plus petit lépidoptère au fond des prairies perdues qui rendrait jaloux Salomon.

Oui, la science est une fée qui a enchanté la terre ; en la touchant de sa baguette, elle l'a peuplée à nos yeux de plus de nations fantastiques, de plus de créations merveilleuses que tous les cerveaux de tous les poètes réunis n'en pourraient enfanter dans les exaltations les plus lyriques de leurs rêves.

Mais qu'est-ce que la terre, qu'est-ce que

cette terre encombrée de magnificences? qu'est-elle aux yeux de la science moderne quand ces yeux se lèvent au ciel?

Plus rien.

Plus rien qu'une humble et microscopique planète, tournoyant, comme tant d'autres plus belles, plus radieuses qu'elle, autour du même astre illuminateur, qui engloutirait un million de terres dans le brasier de ses vastes flancs. — Et pas plus que notre globe, notre soleil n'est une exception; il n'y a rien d'exceptionnel dans la nature : le soleil est une étoile, les étoiles sont des soleils! Dieu ne tire ses ouvrages qu'à des millions d'exemplaires. Il dit : « Faisons l'homme! » et la terre en est couverte. Il dit: « Que le soleil soit! » et le ciel en est étoilé.

Et ce firmament lui-même, ce firmament tout entier, qu'est-il? un des milliers d'astres d'un firmament plus sublime, composé non plus d'amas d'étoiles, mais d'amas de voies lactées. Et il y en a des milliers dans l'incommensurable étendue !

La science, dit-on, a révolutionné le monde! — C'est vrai. Elle a pris le monde, je veux dire le petit grain de sable antique

que nous prenions pour l'univers, et, comme Platon chassait les poètes après les avoir couronnés de fleurs, elle a détrôné la Terre, cette chétive reine, et l'a chassée en la comblant de bijoux et de chefs-d'œuvre, pour mettre à la place de son étroit égoïsme l'ampleur divine et les magnificences du véritable univers. Elle a pris ces maigres étincelles que l'illusion antique clouait au plafond de l'azur, et elle leur a dit : Soyez des terres et des soleils. Elle a pris cette pâle Phébé, qui promenait dans le nuage son insignifiante et mélancolique figure, et elle en a fait un monde plein de montagnes et de cratères, digne, à quatre-vingt-seize mille lieues, de soulever nos océans. La science a touché le ciel, qui n'était qu'une pauvre voûte surbaissée, faite pour abriter notre atome, et le ciel, ruisselant d'univers en flammes, a débordé sur toutes les plages de l'infini.

La science c'est le triomphe du ciel.

C'est le triomphe du grand, du beau, de la poésie, de l'enthousiasme, de l'affirmation, de l'immensité.

Voilà l'astronomie moderne.

Et voilà ma philosophie en image.

CHAPITRE II

COMMENT JE SUIS MATÉRIALISTE

Certes non, je ne nie pas le petit monde étroit de chaque système, ce petit monde mesquin et orgueilleux pour qui toutes les idées qui ne sont pas lui, ne sont que de maigres étincelles au firmament de l'imagination ou du rêve. Je ne le nie pas, bien au contraire.

Seulement je l'empêche d'être orgueilleux et mesquin.

Certes oui, je suis matérialiste, si le matérialisme est l'affirmation de la matière, de ses forces et de ses splendeurs. La matière est *un monde* magnifique, et, comme le monde terrestre dont nous parlions tout à l'heure, il croît de jour en jour en beauté sous le regard patient de la science investigatrice. Je sais que des milliers de savants se sont noyés dans ses gouttes d'eau, tant ses gouttes d'eau sont profondes ! Que des milliers de poètes se sont perdus dans ses bois, tant ses bois sont enchantés !

Mais si, sous prétexte qu'il est beau, qu'il est grand, ce monde-là s'imagine être le seul de l'univers intellectuel, et courbe autour de lui la voûte des choses, comme le système de Ptolémée, pour m'en faire une prison aux clous d'or; si, sous prétexte que le suçoir de ses punaises est un chef-d'œuvre et que ses feuilles de rose sont parfumées, le Matérialisme veut m'endormir dans son doux lit de Procuste, en ne me laissant, pour tout le reste, que le droit au rêve; si ce mondicule — mondicule dont les cailloux sont des millions et des milliards de soleils, mais mondicule quand même — si ce petit monde inférieur veut m'empêcher de lever les yeux et de saluer les mondes de l'infini, — je lui donne le coup de pied de Galilée, et, comme Newton je lève les yeux, et je salue avec Flammarion *la pluralité des mondes*. (Seulement Flammarion ne l'a saluée qu'en astronomie; il n'a vu que l'image, comme l'enfant... — et comme le matérialiste.)

CHAPITRE III

UN MONDE QUE L'ASTRONOME NE VOIT PAS

Le matérialiste est un myope (1) qui ne voit que le premier plan des choses, n'embrasse qu'une des faces de la réalité, *la matière*. Il la voit magnifique, immense, déroulant dans la majestueuse unité de ses lois les splendeurs variées de sa vie universelle, et il est ébloui. Il prend pour la synthèse des connaissances humaines son regard jeté sur cet ensemble émerveillant et gigantesque. Il s'écrie : Est-ce que je n'embrasse pas tout ? J'embrasse le ciel !

Eh bien, non, vous n'embrassez pas tout, lui répond le spiritualiste, il y a un monde que vous ne soupçonnez pas. Je souhaite un Le Verrier à tous les Neptunes du firmament, un Flammarion à tous les Mars, un Secchi à tous les Soleils, mais il y a un monde que vous ne trouverez pas, au bout de la plume ou de la lunette. Perfectionnez

---

(1) J'ai remarqué, dans la galerie des académiciens, le lorgnon de M. Taine.

les méthodes, perfectionnez les instruments. Centuplez Lord Ross, centuplez Herschell. Sondez tous les recoins célestes, tous les sentiers fleuris de Vénus ou de Jupiter. Résolvez les nébuleuses, et, dans la dernière planète de leur dernier soleil, ajustant au télescope effrayant un microscope inouï, analysez à cent mille millions de milliards de lieues le dernier atome du dernier microbe. Si vous le pouvez, prenez des ailes, volez de globe en globe ; ayez tout le temps, courez tout l'espace ; soyez l'astronome complet qui scrute tout le ciel, ensemble et détails, avec toute sa matière et toutes ses forces, tous ses lieux et tous ses climats, tous ses mouvements et tous ses êtres, « dans la série indéfinie de ses créations simultanées ou successives » :

Quand vous aurez fini ; quand, au bout de l'éternité, vous aurez tout vu

De l'espace sans fin peuplé d'astres sans nombre, —

du monde dont je parle vous ne saurez pas le premier mot.

Et cependant ce monde existe, plus réel, plus vivant que tous les autres. Il a son centre de gravité, son axe, ses lois immuables dont tout homme sent le Newton dans sa conscience. Là, dirons-nous avec M. Flammarion, mais dans un autre ordre d'idées, « là brille un autre soleil, là descend du ciel une autre lumière, là souffle un air qui n'est point terrestre ; là fleurissent des plantes qui ne sont point des plantes, là coulent des eaux qui ne sont pas des eaux. » Ce monde a ses horizons et ses perspectives, ses immensités télescopiques et ses microscopiques détails, ses sommets lumineux où l'on s'élève avec effort, ses précipices où ce n'est pas le corps qui tombe. Il a son ordre et ses cataclysme, ses clartés et ses nuages, ses calmes et ses tempêtes, ses degrés de froid et de chaleur, ses sécheresses et ses bienfaisantes rosées. Il a ses fleurs et ses fruits, ses parfums et ses poisons, ses serpents cachés sous l'herbe odorante, ses mines d'or cachées sous le granit rebutant. Ce monde a ses êtres et ses espèces, ses agneaux et ses tigres, ses vautours qu'attire la chair corrompue et ses aigles qu'attire le soleil, ses pourceaux qui se roulent dans la fange et ses colombes dont l'œil pur voit le ciel bleu.

Nous y vivons tous par la moitié de notre vie, mais nous ne le savons pas tous. Car ce monde a, comme l'autre, ses aveugles qui ne le voient pas, et trop souvent se font une preuve contre son existence de leur misérable infirmité.

A ces malheureux il manque un sens, et ce sens c'est le sens humain lui-même, car ce monde c'est le vrai monde de l'homme, c'est le MONDE MORAL.

Oui, l'homme vrai n'est pas cet être extérieur qui mange et boit, digère et dort, parle et gesticule, et, par passe-temps, regarde les étoiles. Quand l'anatomie a disséqué tous ses muscles, la physiologie analysé son cerveau et décrit ses appareils digestif et respiratoire ; quand elle a nommé tous les atomes de son corps, la science connaît l'homme à peu près comme le relieur connaît un livre, comme l'ouvrier typographe connaît l'*Énéide* ou l'*Odyssée*. Ce qu'elle voit n'est qu'un animal, et l'homme est un monde !

Oui, à côté de l'abîme astronomique, il y a l'abîme humain (1), où plonge le grand

---

(1) Je me sens plein d'une âme étoilée et profonde.

V. HUGO.

télescope des Platon, des Pascal et des Bossuet, Herschells et Newtons de cet autre ciel, — tandis que laissant à ces aigles de l'esprit les immensités d'en haut, le microscope des La Rochefoucauld et des Molière va, dans les derniers recoins du cœur, sonder les petitesses d'en bas.

Le moindre des hommes, pour peu qu'il soit homme encore, sent à ses heures dans les hauteurs de son firmament la présence et l'attraction de ces astres plus splendides que tous les Mars et tous les Saturnes, et qu'on nomme : Liberté, Raison, Moralité, Vertu, Héroïsme, Désintéressement, Sacrifice, Charité. Il sent, dans les abjectes profondeurs de son étroit égoïsme, la tourbe infime de ces microbes rongeurs, dont les ravages éclatent de toutes parts en maladies plus réelles que la gale ou le choléra, et bouleversent le monde sous les noms d'orgueil, d'ambition, d'avarice, d'envie, de colère, de débauche.

L'homme, s'il n'est pas dégradé comme le sauvage ou distrait comme le savant, sent en lui l'ampleur d'un univers plus noble que l'univers matériel, et constellé pour les yeux de l'âme des mille lueurs d'une vérité plus haute que la vérité astronomique. Il se sent d'une autre nature que la nature des physiciens, il se sent d'autres destinées que celles de la plante ou de l'animal. Quand les Cabanis osent le définir : « Un tube percé par les deux bouts », il se révolte (1). Il comprend le sens de ces mots sublimes : bien, mal, responsabilité, mérite, devoir, conscience, remords, qui n'ont pas de sens pour le chimiste ou l'astronome. Il comprend qu'au-dessus de la matière aveugle faite pour obéir fatalement aux lois de l'affinité et de l'attraction, il y a l'esprit, fait pour obéir librement aux lois de la justice et de l'amour. Il comprend ce mot du plus grand des philosophes allemands : « Deux choses me ravissent d'admiration : le ciel étoilé sur ma tête, *et la loi morale dans mon cœur.* » Il voit les deux mondes, les deux ordres, les deux vérités, les deux vies, les deux natures ; et quand il entend dire à quelqu'un de ces pauvres savants qui perdent la vue morale à force de regarder les soleils : « La syn-

---

(1) **La définition est vraie pourtant, en tant qu'elle n'exclut pas les autres.**

thèse astronomique embrasse tout, en dehors d'elle il n'y a rien, à côté d'elle il y a l'erreur », il ne peut s'empêcher de répéter en lui-même : Hélas ! ce savant-là est un myope, il ne voit que le premier plan des choses.

CHAPITRE IV

COMMENT JE SUIS SPIRITUALISTE

Voilà ce que dit le spiritualiste (ch. précédent).

A son tour, le spiritualiste est exclusif quelquefois.

Il lui arrive de nier la matière. Pénétré de l'esprit, de ses puissances, de ses splendeurs, il lui arrive de s'y enfermer. Berkeley niait la matière. Fichte, Schelling, ramenaient tout à leur moi intelligent, à la pensée. Hegel assujettissait la nature entière à ses idées, comme un despote, et n'avait que du dédain pour le ciel étoilé, parce qu'il ne rentrait pas dans son système, c'est-à-dire dans son esprit.

D'autres spiritualistes daignent accorder à la matière l'existence, mais leur générosité ne va pas jusqu'à lui reconnaître *la force*. Pour eux la matière est inerte, sans énergie, sans puissance. Le matérialiste, et le bon sens, et l'expérience, ont beau leur crier : chaleur, électricité, magnétisme ;

ils ont beau voir l'aiguille aimantée, les exploits de la foudre, les élans de la vapeur ; ils ont beau voir tomber une pierre (pourquoi tombe-t-elle, sinon parce que la terre a la *force* de l'attirer), ils ont beau ne pouvoir enfoncer un mur (si la matière est inerte, comment résiste-t-elle ?) — ils auraient peur de faire tort à l'esprit et à la volonté en admettant de l'énergie ailleurs. Et voyez ici comme l'exclusion est dangereuse : c'est souvent ce spiritualisme étroit qui fait naître le matérialisme ; dès qu'on laisse une vérité, quelqu'un s'en empare et vous l'oppose à son tour, et voilà la guerre des systèmes.

C'est ce qui est arrivé pour Descartes, ce grand spiritualiste étroit qui refusait le droit de vie à la bête. Plus exclusif encore que les précédents, Descartes rejetait non seulement l'énergie de la matière, les forces physiques et chimiques mais encore les forces vitales, l'énergie végétative de la plante, l'activité sensible de l'animal. D'un trait, il biffait deux règnes, presque trois, trouvant plus simple de ramener à la *matière brute* tout ce qui n'était pas *la pensée*. Lui et Malebranche, le plus doux des hommes, s'amusaient à torturer des chiens pour démonter les ressorts de ces machines aboyantes, et, d'après eux, tout aussi insensibles que des toupies et des pantins. Ils voulaient, disaient-ils, creuser l'abîme entre l'homme et l'animal, pour éloigner à jamais le matérialisme. Et qu'ont-ils fait ? Ils ont jeté le pont par où le matérialisme est entré. Le pont est facile à voir : si les merveilles de l'instinct et de la sensibilité animale peuvent s'expliquer par la matière brute, pourquoi pas l'âme et les merveilles de l'intelligence humaine? — Et voilà comment tous les esprits étroits se donnent la main, — je veux dire se culbutent les uns les autres.

CHAPITRE V
ENCORE DE PETITS ESPRITS

Il y a encore le spiritualiste étroit par scrupule, le chrétien qui a peur de la science, le vieux réactionnaire qui dit non aux idées nouvelles — toute idée est bonne, pour le philosophe et l'esprit large (1) —; le théologien exclusif, comme le Révérend Whewell, qui publia un livre contre la pluralité des mondes, c'est-à-dire contre l'astronomie moderne (On the Plurality of Worlds, an Essay London, 1853) pour défendre sa religion. Plus d'un catholique est encore imbu de cet esprit étroit, le même qui fit condamner Galilée par la congrégation romaine et l'eût fait condamner par le pape, si le pape, par un mouvement étonnant, n'eût refusé sa signature.

Quelques-uns ne refusent pas l'existence aux terres du ciel, mais ils leur refusent le droit de porter des habitants. Notre planète doit avoir le monopole de la vie.

(1) A condition qu'elle ne s'isole pas.

D'autres — toujours des spiritualistes pourtant — ont dénié longtemps aux esprits le pouvoir de se communiquer, et rejeté, de parti pris, toutes les manifestations spirites, qu'ils traitaient de jongleries et de prestidigitations.

D'autres se moquent du magnétisme, — comme on s'est moqué de la vapeur, des ballons, de toutes les découvertes à leurs débuts.

Je n'en finirais pas si je voulais énumérer toutes les petitesses, toutes les étroitesses de parti pris, toutes les exclusions préconçues, des esprits même les plus larges en apparence et les plus ouverts. Car il arrive souvent ce fait étrange, que la largeur d'idées sur tels points, provoque, par une sorte de contre-partie, un certain rétrécissement sur d'autres; c'est la faiblesse humaine qui se venge par où elle peut, et depuis Descartes qui ramène la bête à la machine, jusqu'à Vacherot qui ramène Dieu à la nature, il y a des spiritualistes étroits.

Moi j'admets tous les mondes.

CHAPITRE VI

LA PLURALITÉ DES MONDES INTELLECTUELS

J'admets le monde moléculaire d'abord, le monde strictement matériel, domaine de la mécanique pure, — et cela sans nier ce que j'appellerai l'âme de ce monde, son atmosphère : la Force ; la force qui remplit la physique sous les noms d'attraction, de chaleur, d'électricité, de lumière, et la chimie sous les noms de cohésion et d'affinité.

J'admets ce monde des matérialistes.

A l'autre bout des choses, à l'extrême opposé, j'admets avec les spirites et les chrétiens, le monde des esprits purs ; monde où la force est tout intellectuelle et morale, où la lumière s'appelle pensée, le mouvement liberté, le feu amour, où tout se retrouve mais à l'état supérieur ; univers immatériel, peuplé lui aussi de sphères rayonnantes, rayonnantes d'intelligente clarté et de volonté ardente. Chaque esprit est un monde de cet univers.

Entre la Matière et l'Esprit pur, j'admets l'Homme ; l'homme où M. Vacherot distingue si bien les deux natures, l'homme, monde intermédiaire, spirituel et matériel à la fois, fait de boue et de rayons, comme dit le poète,

> Qui sent en même temps, âme pure et chair sombre,
> La morsure du ver de terre au fond de l'ombre,
> Et le baiser de Dieu.

Entre l'homme et l'esprit pur, j'admets, avec M. Flammarion, la possibilité de tous les degrés d'incarnation de l'intelligence dans la matière, ou, si vous aimez mieux, de toutes les espèces humaines, de toutes les variétés de l'Humanité, éparses dans les demeures sidérales.

Entre la matière brute et l'homme, j'admets avec vous tous, chers lecteurs, et quoi qu'en dise Descartes, j'admets un monde qui n'est ni l'un ni l'autre et qui tient des deux; le monde animal, image inférieure du monde humain.

Enfin, plus bas que l'animal, dans des sphères où la vie commence, loin de la pensée, loin même de la sensation, j'admets, au-dessus de la matière brute, l'existence d'une autre nature encore, nature étoilée de pétales au printemps, monde parfumé de la sève et de la verdure.

CHAPITRE VII

FOURMILLEMENT DE MONDES

Ce sont plus que des mondes, ce sont des systèmes de mondes. Je veux dire que chacune de ces natures, matérielle, végétale, animale, humaine, spirituelle, s'épanouit en une foule de créations particulières que nous nommons les espèces. Or chacune de ces espèces est un monde à part. Comptez maintenant les mondes dans l'immensité du véritable univers !

Mais ici intervient une théorie fameuse, le transformisme, l'évolution, sur laquelle M. Jean d'Estienne a publié une étude très consciencieuse et très impartiale.

J'ai souvent réfléchi à l'évolution. Voici, je crois, ce que ma philosophie en pense.

LIVRE SEPTIÈME

LA LARGEUR D'ESPRIT ET L'ÉVOLUTION

CHAPITRE I

COMMENT JE SUIS ÉVOLUTIONNISTE

J'ADMETS l'évolution comme tout le reste, comme son contraire : l'immutabilité des espèces.

L'évolution est la loi de toute chose, mais ce n'est là qu'un aspect de la question, qu'une moitié de la vérité, dirait Hegel. Toute chose *évolue*, je l'accorde aux uns, mais toute chose, en évoluant, *reste à sa place*, je l'accorde aux autres, voilà la vérité tout entière. Tout évolue, mais dans l'ordre.

Dans l'ordre astronomique, tout évolue. La nébuleuse primitive est comme une mère féconde qui de son sein tire ses enfants, les terres du ciel; et les terres à leur tour composent leurs lunes avec leur propre substance. Il y a là comme une ébauche de génération grossière, qui est une évolution. A son tour, chaque individu de l'espèce *astre* évolue lui aussi. Le soleil, la terre et la lune représentent peut-être les trois degrés de l'évolution de *l'astre*, ses trois périodes, d'incandescence, d'habitabilité et enfin de mort. La terre, disent les astronomes, a commencé par être un soleil, et peut-être un jour ne sera-t-elle qu'une pâle lune, errant, froide et vide, dans la mélancolie des cieux. Notre lune est un monde mort, et c'est pourquoi sans doute, les yeux tristes aiment à la regarder. Voilà l'évolution des astres.

Eh bien, je dis que ceci est la loi universelle.

Prenez non plus l'astre, mais le chat (pour aller du grand au petit ou si vous aimez mieux du petit au grand, car le chat a la supériorité de la vie); prenez après l'astre flamboyant, le joli minet au nez rose, dont l'œil flamboie lui aussi dans la nuit de la grange ; ou la grosse mère chatte, au moment solennel de son évolution en mignons petits êtres qui seront chats à leur tour, propageront à jamais l'espèce par une suite indéfinie de générations, c'est-à-dire d'évolutions successives. Ou sans aller plus loin que l'individu, la vie de tout être n'est-elle pas une évolution perpétuelle? Quelle distance de l'enfant au vieillard, du gentil chaton qui joue avec le chiffon de papier autour d'une chaise, au vieux matou, pensif et morose, que le passage d'une souris ne fait même plus sourciller. Voyez l'homme : la jeunesse c'est l'astre chaud aux rayons d'or (première phase de l'évolution des mondes) ; puis vient l'âge mûr, semblable à la planète refroidie, mais habitable, pleine du bruit de la vie et des affaires ; enfin la vieillesse c'est l'astre mourant, c'est la pâle lune glacée où, paraît-il, manque l'air respirable.

Quel admirable transformisme que celui de la graine qui s'entr'ouvre par un matin de printemps et lance à l'air pur un mince filet de sève, deux petites feuilles tendres et molles qui dans vingt ans seront le grand chêne noueux qui bataillera avec le vent. Et le gracieux transformisme de la feuille en pétales, en étamines, en pistil, du pistil en ovaire, de l'ovaire en fruit, en fruit plein de graines prêtes à recommencer l'évolution !

C'est ainsi qu'en tout ordre de choses et de créatures, il y a évolution perpétuelle.

Seulement — et c'est là la contre-partie de la thèse, l'antithèse comme dirait Hegel, l'autre face de la vérité — seulement tout ceci se fait *dans l'ordre.*

Qu'est-ce que l'ordre ? C'est la distinction des choses, le contraire de la confusion qui brouille tout.

Une ménagère qui a *de l'ordre* est celle qui met chaque chose à sa place, *dans son ordre*. Car remarquez les deux sens du mot. Il y a des *ordres* de choses.

Un être qui n'appartiendrait à aucun ordre, ou qui appartiendrait à tous successivement ou à la fois, serait un monstre, à moins qu'il ne fût un Dieu.

Nous tombons dans le fantastique, dans le monde des fées et des buveurs de haschisch.

C'est ce que font les rêveurs, j'allais dire

les ivrognes de l'évolution désordonnée qui, ne voyant plus les chemins, la promènent au hasard en titubant sans savoir où, ravis de faire sortir, au coup de leur baguette magique et de leurs millions d'années, un cheval d'une citrouille et un laquais d'un lézard comme dans les contes de Perrault.

Ceci c'est *la farce* de l'évolution. C'est le mythe de l'homme-singe, qui fera pouffer de rire nos petits-neveux.

Dans ce système-là, suivi à fond, il n'y a plus qu'un être, qui devient successivement toutes choses, qui chat se dévore en rat, mouton se broute en herbe, comme dans le panthéisme de Spinoza qui fait, comme Bayle le remarque comiquement, que « lorsque les Allemands ont tué dix mille Turcs, c'est Dieu qui, modifié en Allemands, a tué Dieu modifié en dix mille Turcs. »

Nous retombons dans les théories étroites, qui nient la pluralité des mondes.

L'évolution vraie est assez large pour ne pas nuire à la fixité des espèces. Elle traverse tous les êtres, mais sans les dénaturer, sans les sortir de leurs natures respectives, sans faire miauler les chiens ni aboyer les chats. La pierre est pierre, l'homme est homme, sans quoi il n'y a plus de science, plus d'ordre, et c'est le miracle en permanence.

Est-ce à dire que cette fixité des natures, ce cadre résistant de l'espèce ait la rigidité cadavérique d'un cadre de fer, et que ce cadre conservateur refuse de s'assouplir à l'opportunisme des milieux et des circonstances ? Nullement. L'espèce est un cadre aussi élastique que résistant, aussi souple que fort, aussi docile à plier que résolu à ne pas rompre. Et là encore nous retrouvons cette largeur d'esprit qui concilie les contraires et harmonise tout. La vérité est un superbe équilibre. Que sont les *races*, les *variétés*, en zoologie, en botanique, sinon des évolutions *de l'espèce elle-même, et qui ne nuisent pas à l'espèce ?* Voyez : on ne saurait pousser plus loin la conciliation et l'harmonie des choses. Non seulement la vie de tout être est une évolution perpétuelle, et une évolution qui le laisse intact dans son ordre et sa nature ; mais cet ordre lui-même est flexible et cette nature cède à l'évolution qui l'a respectée tout ce qu'elle peut lui céder sans mourir. En Guinée, les moutons et les chiens sont couverts d'un poil clair et noir. Il est des pays où l'on a transporté des moutons pour en avoir de la laine sans la demander à d'autres pays. Déception : ces moutons n'ayant plus froid, ont perdu leur laine qui a été remplacée par du poil. L'harmonie s'est faite entre le climat nouveau et le vêtement de l'animal.

En Colombie, le poulet, qui n'a pas froid là comme chez nous, naît avec un duvet noir et fin. En grandissant, il devient même et demeure presque complètement nu.

Voulez-vous constater l'harmonie inverse ?

Allez en Angleterre : sous ce climat brumeux, le mouton a besoin d'une chaude enveloppe : sa toison est âpre et rugueuse. Mieux encore : à Paris, au jardin d'acclimatation, deux moutons du Sénégal étaient à poil ras en arrivant ; deux ans après, leur poil était long et frisé. Les oiseaux ont présenté dans leur plumage des modifications analogues.

Il en est de la taille comme du pelage. Les bêtes à cornes de l'Europe deviennent plus petites aux Indes orientales. C'est dans la plaine que le porc grossit et grandit le plus. Ses dimensions se réduisent à mesure que son habitat est plus élevé.

Les bœufs que les Hollandais introduisirent au cap de Bonne-Espérance étaient pesants, paresseux. Dans cette région nouvelle, on les a vus devenir d'excellentes bêtes de course et de trait. La plaine grasse et humide les alourdissait, un climat différent les rend nerveux, alertes, et les anime davantage.

Il serait facile de multiplier ces exemples. Et ce que fait la nature, les éleveurs le font mieux encore. Par des procédés habiles, ils ont produit le cheval de course chez lequel la locomotion l'emporte sur toutes les autres fonctions. Ils ont produit des bœufs qui sont tout muscles, des porcs qui sont tout graisse, des vaches qui donnent d'énormes quantités de lait. Ils ont rompu au profit de l'agriculture et du commerce, l'équilibre de l'organisation animale. Bien plus, ils ont rendu héréditaires les facultés et les aptitudes qu'ils avaient développées, par des alliances savantes, par ce choix de producteurs qu'on nomme la sélection.

Donc l'harmonie générale est plus souple, les cadres de la nature sont plus élastiques qu'on ne le croyait jadis. Ce résultat est très précieux ; mais c'est le seul qu'ait établi la science récente. Les éleveurs ont produit des races nouvelles ; jamais une espèce nouvelle. Les chevaux de course sont toujours des chevaux ; les bœufs Durham sont toujours des bœufs ; les moutons Mauchamp sont toujours des moutons. On n'a fait ni d'un bœuf un cheval, ni d'un cheval un bœuf. L'harmonie fondamentale est inébranlable ; on n'a fait varier que les motifs secondaires. On a pu développer les muscles aux dépens de la graisse, la graisse aux dépens des muscles et des os ; mais si l'homme néglige les précautions, si sa surveillance se relâche, tout aussitôt l'équilibre normal se rétablit, le type ancien revient avec ses traits caractéristiques. Une force secrète veillait ; gênée, contrainte, elle a consenti à modifier son action. Libre, elle reprend ses droits. C'est la force de l'espèce. Car l'espèce existe, à la fois immuable et souple, — comme l'évolution existe, universelle mais ordonnée.

CHAPITRE II

SOUPLESSE ET RÉSISTANCE

Qu'il est difficile à l'homme d'embrasser deux choses à la fois, surtout quand elles sont opposées ! Si nous avions des yeux derrière la tête, peut-être y réussirions-nous mieux. Ou si seulement nous consentions à nous retourner pour voir ! Mais ce que nous voyons nous absorbe au point de nous emprisonner, et nous nions, parce que nous oublions, tout le reste.

Soyez sûr que cette situation d'esprit étroite et absorbée est la grande cause de tant de systèmes, de tant de théories exclusives.

Je le vois bien pour la question des espèces. Darwin les nie : pourquoi ? Parce qu'à l'ancienne rigidité de leurs cadres de fer, inconciliable avec toute influence des milieux et des circonstances, la science moderne a substitué la souplesse de la vie, et l'éclosion, au sein de chaque *unité* vivante, d'une foule de *variétés* harmonieuses qui sont comme les nuances de la couleur, l'accompagnement de la note. Que de variétés de roses, que de races de chiens dans l'univers ! En fouillant les catacombes zoologiques, la science a mis à découvert une foule de races éteintes, un nombre immense de variétés inconnues (1), qui témoignent de l'élasticité des cadres de la nature. Témoin de ce spectacle du jeu des forces spécifiques, de cette aisance gracieuse et souple qui est une des beautés de la vie, qu'a fait Darwin ? Il s'est absorbé dans cette contemplation nouvelle. Il s'est fait le philosophe de la souplesse à outrance, de l'influence *exclusive* des milieux et de la sélection naturelle, et oubliant tout le reste, oubliant surtout ce contraire de la flexibilité, de la condescendance, qui est la résistance et la fermeté du type (résistance et fermeté sans lesquelles la flexibilité elle-même n'est plus rien, perd sa valeur, tant la valeur des choses est dans l'union des contraires !) — Darwin, dis-je, a fait comme l'enfant qui tient un élastique à la main, et tire jusqu'à ce que tout

---

(1) Sans compter les espèces véritables et disparues.

rompe. Voyant que l'élastique était fait de souplesse, *il n'a pas vu en même temps* qu'il était fait de résistance : il est difficile de voir à la fois les deux extrêmes, — qui pourtant se touchent, comme on le dit et plus qu'on ne le pense ! Il n'a plus vu qu'une chose : l'*élasticité* de l'être, et ne voyant plus qu'elle, il a détruit non seulement l'espèce, l'espèce immuable et résistante, mais, s'en sans douter, cette élasticité elle-même, qu'il voulait *exclusivement*. Car non seulement ce n'est plus un être ordonné, comme un tableau dans son cadre, comme un soldat à son poste, comme un ouvrier à sa place dans la division du travail universel, cet animal anonyme de Darwin, ou pour généraliser la théorie, cet *éternel devenir* de M. Renan ; mais ce n'est même plus un être élastique et souple, se pliant avec grâce, sans cesser d'être lui, aux circonstances, aux convenances des milieux où il est appelé à vivre. C'est un monstre filandreux et flasque, un je ne sais quoi de mou qui cède indéfiniment sous la pression des forces extérieures, qui peut être n'importe quoi, comme la terre du potier, indifféremment Dieu, table ou cuvette, plante, bête ou homme, parce qu'il a perdu toute vie, tout ressort de résistance.

Qu'est-ce donc que la vie, si ce n'est une force de résistance, — de résistance aux forces de la matière, au milieu physique? Le cadavre ne résiste plus, et l'animal de Darwin fait comme le cadavre; ce n'est plus un vivant, c'est une terre glaise, pétrie en tous sens par des mains extérieures.

A voir ce blanc canard qui devient cygne à force de tendre le cou dans l'eau, cette biche qui se fait girafe parce que les feuilles sont hautes sur les palmiers du désert, qui peut-être eût été vache en Normandie, chèvre ailleurs, ou n'importe quoi, si le milieu l'avait voulu, n'a-t-on pas l'idée d'un animal en pâte que des mains d'enfants tireraient chacune de son côté? Darwin c'est la dislocation universelle. Tout ressort est brisé, et toute vie est détruite, parce que des deux forces de la vie, résistance et souplesse, de ses deux termes opposés, de ses deux mouvements contraires on a rejeté l'un, et par là même compromis l'autre.

On a manqué de largeur d'esprit.

CHAPITRE III

LE SINGE ET L'HOMME

Il avait bien raison, le grand Hegel, avec sa synthèse des extrêmes. C'est la loi, mais peu de gens la pratiquent. La plupart s'enferment dans un parti, dans la thèse ou dans l'antithèse, et, pour parler la langue d'Hegel, dans le premier ou le second moment de la pensée. De là deux camps ennemis, — qui auraient raison tous deux s'ils ne cherchaient à s'exclure.

Certes oui, la science moderne a raison dans ses vues nouvelles, et je conçois et je partage l'enthousiasme des évolutionnistes en face de la nature. Ils y ont vu la souplesse et l'élasticité gracieuse (1); c'est ce que nous venons de dire. Qu'y ont-ils vu encore? Une chose magnifique : l'unité, c'est ce que nous allons voir.

Oui, la science zoologique a fait une dé-

---

(1) Seulement ils n'ont pas su les concilier avec leur contraire.

couverte grandiose qui peut s'expliquer en quelques mots.

Je l'appellerai, si vous le voulez, la découverte de l'*unité de plan, du bas en haut de l'échelle animale.* J'en ai déjà parlé quelque peu dans un chapitre.

Prenez deux animaux quelconques : une poule et un chien, par exemple, ou un bœuf et un oiseau. A première vue, vous ne trouverez guère entre eux que des différences.

Les lourdes jambes massives du traîneur de charrue n'ont certes rien de commun avec les ailes de l'hirondelle ou de la mésange. Chaque être apparaît ainsi, à première vue toujours, c'est-à-dire à l'œil des ignorants, comme un être à part, sans rapport avec les autres, et sorti en vertu d'un caprice arbitraire et sans lien avec les précédents, de la fantaisie créatrice.

Dans ce système, Dieu serait un être sans suite dans ses idées, agissant au hasard de son imagination.

Eh bien, c'est là une vue superficielle, une conception enfantine des choses, et ne nous troublons pas si la science l'a détruite et continue à la détruire tous les jours.

Réjouissons-nous, au contraire, car voici la bonne nouvelle que nous donne la science.

Tout, nous dit-elle, est conçu sur un vaste plan qui se poursuit, identique, le même toujours, à travers tous les êtres, du bas en haut de l'échelle, et elle nous montre, caché sous les diversités incohérentes des apparences extérieures, un même type qu'une main infiniment délicate diversifie par des retouches très légères, pour en faire ici un bœuf, là un singe ou un colibri. Au fond de toutes ces organisations si diverses à la surface, le même dessin se retrouve, *le même plan, plus ou moins développé*. Ce n'est d'abord qu'une ébauche, une esquisse ; l'artiste semble préluder par des essais à des œuvres plus parfaites. L'insecte s'envole, puis viendra l'oiseau ; voici la nageoire, une retouche et ce sera l'aile. L'aile à son tour n'est que le bras modifié ; sous la membrane de la chauve-souris, je retrouve, allongés, les cinq doigts de ma main, et par l'ongle l'humble bête s'accrochera au vieux mur que je raye avec l'ongle moi aussi.

La même idée se poursuit. Voilà le

singe : voici venir l'homme. L'homme ! terme suprême de la série animale ; l'homme animal parfait, prêt à recevoir l'âme.

Tels sont les enseignements de la science moderne. Elle déroule à nos yeux l'ordre magnifique de la création. Elle groupe l'innombrable multitude éparse des êtres vivants en séries ascendantes, et fait de tout le règne animé une longue échelle mystérieuse, qui, lentement, harmonieusement, par gradations délicates et insensibles, nous amène à l'homme.

Voilà l'unité, et nos savants ont raison d'applaudir.

Maintenant, est-ce que cette unité exclut son contraire ? ou n'a-t-elle pas plutôt besoin, comme le proclame Hegel pour toute chose, d'être complétée par lui ?

Est-ce que cette unité du règne animal empêche la pluralité, la multiplicité des espèces ? est-ce que l'échelle ascendante exclut les échelons fixes ? Est-ce que l'unité de plan nuit à l'indépendance de chaque chose ?

Beaucoup ont la faiblesse de le croire, et raisonnent ainsi :

« Puisque tout se tient et tout s'enchaîne, *les chaînons sortent les uns des autres.*

« Les échelons se suivent : *donc* ils s'engendrent.

« Les notes se touchent sur le grand clavier : *donc* le *ré* est le père du *mi*.

« L'homme touche le singe : *donc* il est fils du singe. »

Je n'ai rien à dire de la logique des raisonnements précédents, la logique n'étant pas de mon ressort; mais au nom de la largeur d'esprit, je proteste. J'admets l'unité de plan, j'admets cette ascension harmonieuse et entraînante qui fait de l'univers un crescendo splendide; mais la distinction des touches dans le concert, l'indépendance des exécutants chacun à sa place et faisant sa note à lui, sa note immuable, je l'admets aussi. L'harmonie est l'accord des deux contraires.

CHAPITRE IV

LES ÉVOLUTIONS DE LA MATIÈRE

Vous voyez que j'admets toutes les idées. Cependant il en est une que je semble exclure par là même, c'est l'idée de cet être universel, vague, sans forme fixe, en éternel devenir, en évolution perpétuelle, apte à revêtir toutes les formes, se prêtant à toutes les métempsycoses, circulant à travers l'échelle des êtres, tour à tour pierre, plante, animal, homme, et indifféremment tout cela ; l'*être*, enfin, de Vacherot, de Renan, de Giordano Bruno, l'*être* des métamorphoses, l'*être* de tous les panthéistes, évolutionnistes, transformistes anciens et modernes.

Et vous croyez que je l'exclus, cet être ? Que je la rejette, cette idée ?

Pas le moins du monde. Cette idée est vraie, puisque c'est une idée.

Cet être existe : c'est la MATIÈRE.

Nous touchons à l'une des grandes lois de la nature, la transsubstantiation, la métempsycose.

Voyez le brin d'herbe des prairies : par ses racines il suce l'humus, le fumier, l'eau de pluie ; par ses feuilles il pompe l'humidité de l'air, l'azote, l'oxigène, le gaz acide carbonique, et voici qu'au contact de ce vivant toutes ces choses mortes se transfigurent : la vapeur et la poussière absorbées perdent leur pauvreté première, et montent d'un degré dans l'échelle ascendante. Le végétal les élève à sa propre dignité en les introduisant dans sa sève, et ils palpitent dans la vie et le printemps.

L'humus s'épanouit en verts bourgeons, en fraîches corolles roses, et le papillon vient boire, dans le calice entr'ouvert, le suc du fumier changé en nectar. Ce qui appartenait à la chimie a passé dans le domaine supérieur de la physiologie végétale. C'est le premier avancement de la matière, la première promotion de *l'être*, le premier degré de l'évolution.

Mais ce n'est point assez au fumier d'être nectar, au carbone d'être brin d'herbe ou fleur. Comme je viens de le dire, voici le papillon qui déroule le fil délié de son dard gracieux, et, comme un poignard, le plonge au cœur de la rose : il boit cette goutte de sang végétal, cette rosée vivante, qui n'est peut-être que la rosée de la veille, parfumée et transformée par la sève ; et voici que cette gouttelette, coulant aux veines légères de l'insecte aérien, va subir une transfiguration nouvelle, entrer dans la vie du papillon, et voltiger, éblouissante, au-dessus des fleurs d'où elle a été tirée. — Ou, encore, voici le mouton qui paît dans la prairie silencieuse, tondant le gazon ras : que devient cette pâture ? elle évolue d'une vie à l'autre, elle monte d'un degré, et se fait chair. Le cabri va effleurant de sa dent les hautes herbes mollement ondulantes à la brise calme du soir, et le lendemain cette herbe, incorporée au gentil animal, cabriolera dans le même pré, par la plus vulgaire mais la plus étonnante métempsycose.

A son tour l'homme dévorera cette chair de bête, qui va couler liquéfiée dans ses artères, s'imprégner de la nature humaine, s'élever à la pensée dans son cerveau, à l'émotion dans son cœur ! Ascension magnifique de la matière à ce sommet où l'esprit la transfigure, où elle étincelle dans la flamme du regard, gémit dans les supplications de la voix ; où elle devient la force virile du conquérant et du héros, ou ce charme de l'éternel féminin qui fait chanter les poètes, et veut que

> Partout où sa beauté rayonne,
> Un souffle d'amour environne
> Celle par qui l'homme est conçu. (1)

Oui c'est une vaste échelle de métempsycoses que la Nature, et la Matière remplit le monde de ses évolutions grandioses ou gracieuses, déroulées à travers les êtres, de la pierre à Newton, de l'atome d'oxygène au cerveau du génie. De sphères en sphères, de vie en vie, elle monte, puis on meurt, et le tour recommence.

Et la terre agitant la ronce à sa surface
Dit : L'homme est mort, c'est bien. Que veut-on que j'en
              Pourquoi me le rend-on ?   [fasse?
— Terre, fais en des fleurs, des lis que l'aube arrose.
De cette bouche aux dents béantes fais la rose
              Entr'ouvrant son bouton !

Fais ruisseler ce sang dans tes sources d'eau vive,
Et fais-le boire aux bœufs mugissants, tes convives ;
              Prends ces chairs en haillons ;
Fais de ces seins bleuis sortir des violettes,
Et couvre de ces yeux que t'offrent les squelettes
              L'aile des papillons.

(1) Lamartine.

LA LARGEUR D'ESPRIT ET L'ÉVOLUTION 201

Fais avec tous ces morts une joyeuse vie.
Fais-en le fier torrent qui gronde et qui dévie,
  La mousse aux frais tapis.
Fais-en des rocs, des joncs, des fruits, des vignes mûres,
Des brises, des parfums, des bois pleins de murmures,
  Des sillons pleins d'épis !

Fais-en des buissons verts, fais-en de grandes herbes !
Et qu'en ton sein profond d'où se lèvent les gerbes,
  A travers leur sommeil
Les effroyables morts, sans souffle et sans paroles,
Se sentent frissonner dans toutes ces corolles
  Qui tremblent au soleil !
        V. Hugo.

J'admets donc l'évolution de la matière dans les êtres ; mais j'ajoute immédiatement :

Si j'admets l'évolution, j'admets aussi son contraire, la permanence.

L'évolution, c'est la thèse. La permanence, c'est l'antithèse. La vérité est dans la synthèse. Voici donc la vérité, la grande formule conciliatrice des deux opinions extrêmes :

L'être évolue, c'est vrai, *mais dans les êtres* QUI DEMEURENT.

Les ascensions, les transmigrations de la matière à travers tous les règnes, tous les cadres de la nature et de l'humanité, n'empêchent pas ces cadres d'exister et de se maintenir, souples il est vrai, mais résistants, et la chair du mouton devient chair humaine, sans que pour cela le mouton devienne l'homme, pas plus que le singe ou le colibri.

CHAPITRE V

LE PROGRÈS

Mais j'aperçois encore, dans la fameuse théorie de l'évolution, à laquelle aujourd'hui on ramène tout, deux idées dont je n'ai pas tenu compte : *l'idée de progrès* à travers les âges, et *l'idée divine*.

Le progrès est la loi du monde, nous dit l'évolutionniste. Non seulement les êtres forment une échelle ascendante, mais les échelons inférieurs précèdent dans l'ordre des temps les échelons supérieurs, les annoncent, les préparent : l'échelle est *chronologiquement* ascendante. Notre planète n'était à l'origine qu'un nuage immense de vapeur brûlante, puis une masse de lave ; peu à peu la masse se refroidit, l'écorce se ride en continents, se creuse en mers, puis le limon se couvre de fraîche et haute verdure. Dans les eaux tièdes, la vie rudimentaire commence à éclore. Des siècles encore, et les premiers poissons peupleront les océans ; des siècles, et les premiers oiseaux s'envoleront dans les airs. Enfin, après bien des préparateurs et bien des milliers d'années, les mammifères apparaîtront, lentement, harmonieusement, les espèces amenant les espèces comme les anneaux d'une chaîne interminable, qui pourtant se termine à l'homme. L'homme ! terme du progrès animal, mais point de départ et théâtre d'un progrès nouveau, qui ira développant à travers l'histoire de la civilisation ses péripéties dramatiques, ses luttes émouvantes, ses conquêtes, ses victoires. Que sont les périodes géologiques, sinon une marche de la nature à l'homme? Que sont les périodes historiques, sinon une marche de l'homme, à travers bien des obstacles, au triomphe de la vérité et du droit?

Le progrès est donc bien la loi du monde.

Voilà l'idée de l'évolutionniste.

Eh bien, j'accepte cette idée.

Je l'accepte pour la nature, mais sans exclure son contraire, la fixité des espèces.

Je l'accepte pour l'homme, mais sans exclure cette autre terrible force, la liberté.

L'homme est libre, je l'admets. Il peut donc, dans sa marche en avant, s'entraver lui-même, et il est clair que la Saint-Barthélemy ou la Terreur sont d'étranges reculs. Il y a des nuits dans l'histoire, même après les jours, le chemin est hérissé d'obstacles qui arrêtent ou détournent un instant, des siècles peut-être; mais en somme on marche, et qui sait si l'obstacle, c'est-à-dire le mal, n'est pas lui-même un moyen d'arriver plus vite? Les pierres ne servent-elles pas au torrent? Nous touchons là au point sublime de la philosophie de l'histoire, au point de conciliation des deux forces opposées: le progrès irrésistible et la volonté humaine, la fatalité et la liberté, l'évolution et le spiritualisme.

CHAPITRE VI

LES CONSÉQUENCES D'UNE EXCLUSION

Beaucoup de gens ne voient que l'un des deux termes. Les évolutionnistes étroits ne voient que le *progrès*, le mieux fatal qui entraîne l'humanité à son but ; de *liberté*, point. Qu'en résulte-t-il? Il en résulte que tout est bien, que tout événement est bon, que tout fait est légitime, puisque tout est progrès ; qu'il n'y a qu'à laisser faire, laisser aller, que les crimes ne sont pas des crimes, que les révolutions sont saintes, et les tyrannies aussi; qu'il n'y a qu'un ennemi, le passé. Il en résulte des dogmes fort à la mode à l'heure qu'il est, dans nombre de têtes *étroitement progressives* : qu'aujourd'hui a toujours raison sur hier, que le droit c'est la victoire, que la justice c'est la majorité, la vérité l'opinion régnante, que les erreurs ont été vraies en leur temps, que nos vérités ne sont « qu'*actuellement* vraies », comme je le lisais l'autre jour, avec mes deux yeux ouverts, au beau milieu d'un volume(1). Il en résulte la destruction de la vérité, et par là même de l'esprit, l'abrutissement universel. Car enfin, s'ils ont raison, ces évolutionnistes étroits qui ne voient qu'un des termes du problème, à quoi bon penser? Si la vérité est à l'heure, comme les fiacres, si le vrai d'aujourd'hui est le faux de demain, j'aime mieux m'endormir de suite que travailler toute une vie à me ridiculiser pour le xxe siècle. Il n'y a plus qu'à mourir.

Voyez où mène l'esprit étroit! Suivi à fond, il mènerait au néant, si l'homme était logique. Car l'esprit étroit, c'est la mort, et que de suicides dont il est cause, peut-être.

(1) *La Littérature de tout à l'heure,* par Ch. Morice, p. 65. — Paris, 1889.

CHAPITRE VII

UNE RÉFLEXION SUR LE SUICIDE

Je viens de nommer le suicide, et d'en accuser l'esprit étroit. Ceci est plus certain que les esprits superficiels ne peuvent le soupçonner. Je ne sais si je vois juste, mais il me semble évident que si la vérité existe, elle doit être assez large pour s'étendre à tout, assez riche pour suffire à tout, assez forte pour soutenir toutes les misères, assez belle pour empêcher les désespoirs. La vérité doit être pleine d'espérance, comme de tous biens, autrement elle ne serait pas digne d'être la vérité. Je sais que quelqu'un (1) a dit : « La vérité est triste. » Eh bien tant pis pour celui qui l'a dit : cela prouve que sa philosophie est étroite, puisqu'elle exclut la joie. Mais revenons.

(1) M. Vacherot et bien d'autres.

CHAPITRE VIII

CONSERVATEURS ET PROGRESSISTES

Je vous parlais du progrès. En face de ceux qui ne voient *que* lui et par là-même vont à la décadence, il y a ceux qui n'y croient pas, et passent leur vie à pleurer le passé mort. Jules Ferry disait un jour à la tribune : « Il n'y a que deux partis en France : ceux qui veulent le progrès, et ceux qui ne le veulent pas. » Je déclare, pour ma part, être des premiers. Seulement Jules Ferry était un progressiste étroit, de la race de ceux dont je parlais tout à l'heure, de ces esprits qui ne voient que la moitié des questions. A leur tour, ses adversaires ne voyaient souvent *que* l'autre moitié. De là des malentendus profonds, — ou plutôt superficiels, car si l'on allait au fond des choses, on s'entendrait : les malentendus sont toujours superficiels.

L'humanité est en marche. Nier la marche de l'humanité, c'est nier la philosophie de l'histoire. C'est être, en plus, fatalement écrasé. On n'arrête pas le mouvement. Je me rappelle avoir lu dans un livre de voyages l'histoire d'un sauvage, le dernier survivant de sa tribu, qui meurt, tristement assis sur les restes de sa hutte, en regardant passer un train. Eh bien! n'imitons pas ce sauvage; tâchons de monter sur le train qui figure le progrès, et de conduire la machine.

Mais quelle est la marche du progrès?

CHAPITRE IX

LA DÉMARCHE HUMAINE

Comment marche l'humanité ?

La réponse vous amusera peut-être : l'humanité marche comme un homme. C'est ainsi du moins qu'elle devrait marcher.

Faites deux pas dans votre chambre en observateur. Qnelle est la loi de votre démarche ! N'est-ce pas une synthèse? Ne remarquez-vous pas les deux tendances opposées qui la composent en s'équilibrant ? L'un de vos pieds s'ouvre à droite, l'autre à gauche : ils semblent en contradiction mutuelle ; et de fait, si vous n'obéissiez qu'à l'une des deux tendances, vous vous écarteriez indéfiniment de l'autre. Ou plutôt vous ne réussiriez qu'à tourner sur vous-même, dans un cercle étroit, sans avancer. Mais vous conciliez les deux contraires, et voilà comment vous marchez.

Pourquoi le genre humain, que Pascal comparait à un homme, ne marcherait-il pas comme vous? Pourquoi n'ébaucheriezvous pas en raccourci la démarche même du progrès ? Seulement ici tous les pas sont grandioses, immenses, séculaires. Ils semblent se contredire, eux aussi, comme vos petits pieds. Voyez la force romaine à la conquête des peuples. Sait-elle l'œuvre qu'elle prépare ? Elle n'a travaillé, des siècles durant, qu'à l'unité politique du monde. Soudain la force chrétienne apparaît, lutte, saigne, c'est l'ennemie, puis enfin monte au trône des Césars, et l'unité politique, c'est l'unité religieuse. C'est le saint-empire romain d'où sont sorties par Charlemagne, royale synthèse des deux puissances, toutes nos vieilles monarchies qui aujourd'hui craquent de toutes parts. Nous assistons à la fin d'un monde, mais un nouveau monde s'élabore sur un plan plus vaste, qui cette fois comprendra toute la terre ; car toute la terre est agitée, à l'heure où nous sommes. Elle est agitée dans le fond le plus intime de son être, sa pensée, vaste chaos en ébullition. Un mot retentit : science ! instruction ! lumière ! D'un bout du monde à l'autre les savants sont à l'œuvre, comme jadis les légionnaires. La science, c'est l'empire romain moderne. De-

LA LARGEUR D'ESPRIT ET L'ÉVOLUTION 213

puis trois siècles, depuis un siècle surtout, les conquêtes s'ajoutent aux conquêtes : c'est l'imprimerie qui sème la parole tous les matins aux quatre vents du ciel, c'est la vapeur qui relie en un jour les capitales de la civilisation, c'est l'électricité qui nous réserve des merveilles auprès desquelles le passé n'est plus rien. C'est une marche triomphale de découverte en découverte. En même temps c'est un élan furieux, magnifique, vers l'instruction, l'examen, l'indépendance de la pensée. On scrute, on fouille la chair et l'âme, les idées et les choses, les entrailles de la terre et les philosophies, les bibles, les firmaments étoilés. Où vont ces chars de feu ? Saluez : c'est la science qui passe.

Où va-t-elle ?

Il y a un ennemi, c'est la foi : la foi, ce contraire sublime de la science ; la foi qui dit : autorité, soumission ; la foi qui écrit : dogmes, mystères. Pendant des siècles, chaque peuple a suivi sa foi, car chacun avait la sienne. Le Dieu de la Chine n'est pas celui de la France. Mais voilà que la science les met en rapport, les force à se regarder, à voir les contradictions de leurs croyances, et alors le doute éclate : Voltaire se met à rire. On abandonne les questions supérieures, Littré vient qui les déclare insolubles, le mysticisme est relégué au rang des fables et des chimères. On ne parle plus que science, et on emprisonne la science dans la nature, dans les plus bas étages de la nature matérielle.

Sur la porte on grava : DÉFENSE A DIEU D'ENTRER,

comme sur la muraille de *Caïn* ;

On lia chaque bloc avec des nœuds de fer,
Et la ville semblait une ville d'enfer.

N'est-ce pas un peu l'aspect de notre science parfois, de notre science qui a fait dire d'elle : La vérité est triste ; de cette science qui a fait pleurer tant de cœurs, tant de poètes.

Tout est bien balayé sur vos chemins de fer,
Tout est grand, tout est beau : *mais l'on meurt dans votre air.*
(MUSSET.)

Alors se pose, en face de la question scientifique, la question religieuse.

Elles se posent en ennemies d'abord. Les deux idées sont en lutte, comme la thèse et l'antithèse éternelles. Les partisans de l'une sont les adversaires de l'autre. On persécute Galilée; on riposte : le cléricalisme c'est l'ennemi. On se défie et on se méfie. La Foi dit à la Science : Impie ! la Science dit à la Foi : Aveugle ! C'est la division des idées, c'est la division des hommes, les dévots d'un côté, les libres penseurs de l'autre. Et dans le même homme, quelquefois, éclate cette division douloureuse, ce tiraillement intime, si fréquent aux époques de crise intellectuelle :

> Je vous dirai qu'en moi j'interroge à toute heure
> Un instinct qui bégaie en mes sens prisonnier,
> Près du besoin de croire un désir de nier,
> Et l'*esprit* qui ricane auprès du *cœur* qui pleure.

Ah ! c'est que nous sommes à une ère du monde où l'humanité va faire un pas. Depuis trois siècles, elle avance un de ses pieds de géante du côté de la nature, et ne sachant où poser l'autre, elle s'énerve et se lasse. Le monde est trop petit pour ses deux pieds, il lui faut l'*au-delà*, comme pour mesurer le soleil il faut à l'astronome une autre base que la terre.

A nous les savants tristes de la fin du XIXe siècle, il nous faut *le divin* de la vérité.

Alors la synthèse sera faite. La religion et la science, qui semblent aujourd'hui s'écarter l'une de l'autre, comme les deux pieds d'un homme qui marche avec la lenteur des siècles, se rejoindront dans la Lumière.

Et l'humanité aura fait son pas.

CHAPITRE X

LE DIVIN

Mais quoi? allons-nous enfermer dans une religion étroite, partielle, notre aspiration à l'immensité ? Ce *divin*, qui doit être non pas le cachot de la raison mais son azur sans limites, ce *divin* qu'un philosophe moderne invoque en ces lignes solennelles : « Entre le XVIIIe siècle et celui que j'appelle le XXe, dût-il commencer demain, l'horloge de la terre marque une heure, lente et sombre, celle de la transition : c'est le terrible XIXe siècle. Les yeux *à demi* ouverts, mal éveillé de son cauchemar, il ne possède pas, il ne tient pas; mais il désire, il désire, il désire, comme jamais le monde n'a désiré... » — Ce *divin* si désiré, si attendu, où est-il?

Question suprême, qui renferme dans sa réponse la solution de la crise actuelle, la grande, l'unique solution.

LIVRE HUITIÈME

LE DIEU DE L'ESPRIT LARGE

CHAPITRE I

QU'EST-CE QUE DIEU ?

Nous touchons ici au cœur même de la philosophie. Plusieurs fois, au cours de cet ouvrage, j'ai prononcé ce grand mot de Dieu, qui a fait palpiter tant d'âmes.

Tout le monde en parle, de Dieu. Toutes les religions le nomment, à leur manière. Tous les systèmes l'expliquent, à leur façon. Mais le vrai Dieu, quel est-il ? Est-ce une personne, Dieu ? Est-ce une chose ? Est-ce l'ensemble des choses et des personnes ? Est-ce le fond de la nature ? Est-ce la quintessence la plus élevée de nos rêves les plus suprasensibles ? Hugo meurt en disant : « Je crois en Dieu », mais Bossuet aussi, et Renan que tant de spiritualistes traitent d'athée, se plaint de « l'énorme malentendu qui transforme en blasphémateurs de la divinité *ses plus pieux et ses plus sincères adorateurs*». Ces trois hommes adorent-ils le même Dieu? L'Etre-Néant de Hegel n'est pas le fétiche du nègre; l'Acte pur de saint Thomas d'Aquin n'est pas l'éternel Devenir du dogme évolutionniste. Où est le vrai Dieu? La Religion, au sein de cette multiplicité des cultes dont la terre est couverte, la Religion, cette Raison supérieure, où est-elle?

Il faut au XIXe siècle une réponse, immense comme ses aspirations.

CHAPITRE II

LA SYNTHÈSE LITTÉRAIRE. RACINE. HUGO. ZOLA

Je suis aussi large en théologie qu'en littérature, où j'admets tous les systèmes (1). Est-ce à dire que je n'aie pas plus de conviction religieuse que de conviction littéraire? Nullement. Le scepticisme n'est point du tout la largeur d'esprit, mais seulement sa contrefaçon. Penser c'est avoir des convictions, penser largement c'est les avoir grandes, en religion comme en littérature.

C'est tout admettre, — moins la limite.

On s'est beaucoup disputé, aux environs de 1830, entre classiques et romantiques. Hugo passait sa main fiévreuse dans la « perruque indéfrisable » de Nicolas Despréaux, et la défrisait avec transport.

> J'ai fait une tempête au fond de l'encrier.
> J'ai mis le bonnet rouge au vieux dictionnaire.

Le Romantisme triomphe. Puis Zola se

---

(1) C'est-à-dire toutes les idées, éparses dans les systèmes partiels.

dresse en face de Victor Hugo vainqueur, et le crève comme un ballon de papier. La vogue aujourd'hui est au Réalisme, mais déjà des symptômes de révolte commencent à s'accuser par endroits, et je viens de lire *la Littérature de tout-à-l'heure* de M. Charles Morice, qui revendique les droits de l'azur et de l'idéal (sans nier les autres), essaie une synthèse de toutes les écoles littéraires, et pressent que l'avenir est à la largeur d'esprit.

C'est mon avis. Quelle est la vraie littérature, la grande, l'unique, la Littérature tout court et complète ?

Est-elle classique, romantique, réaliste ?..

Elle est tout cela à la fois.

Le « classique », c'est l'Ordre, la Règle, le Goût, la Convenance, la Sobriété élégante et pure, l'ensemble des qualités calmes et dignes, l'aristocratie de l'idée et la noblesse du style. Le « classique », c'est la Raison en littérature.

Mais la Raison n'est pas tout, et il y a place au romantisme. Le « romantisme » c'est l'Imagination, cette folle éblouissante qui parlait à l'oreille des Shakespeare, cette folle qui néanmoins est une sœur de

la Raison ; qui est la Raison splendide. Le
« romantisme », c'est l'élan de l'âme devant
la beauté de la nature, c'est le lyrisme
s'écriant :

> O poètes sacrés, échevelés, sublimes,
> Allez, et répandez vos âmes sur les cimes,
> Sur les sommets de neige en butte aux aquilons !

c'est l'inspiration chaude, l'étourdissante
sonorité du vers, ou bien la mélancolie
qui pleure au bord d'un lac qu'elle immortalise en un soir ; c'est l'amour du mystérieux dans la pensée, le culte du pittoresque
dans l'expression. C'est Victor Hugo après
Racine.

Zola ! le réalisme ! Et moi aussi je suis
réaliste. L'ordre et la règle, c'est bien ;
l'imagination c'est beau ; mais la réalité,
c'est vrai ; et le classique, le romantisme,
le réalisme, voilà la trinité de l'art. Racine,
Hugo, Zola seraient l'Art en trois personnes,
si Racine avait moins fait le courtisan,
Hugo le prophète, et Zola le pourceau.
Qu'est-ce que le réalisme, vu à fond ? C'est
le culte du vrai, rendu dans sa crudité austère ; c'est la sincérité, (chose un peu négligée des romantiques, ces splendides ges-

ticulateurs), c'est la précision en littérature.

L'idée raisonnable ; l'image, corps éclatant de l'idée ; et enfin la précision en quelque sorte physiologique, anatomique, de ce corps fait pour cette âme ; — l'homme parlant raison (Classiques), avec splendeur (Romantiques), avec une splendeur si belle qu'elle a le droit d'être nue (Réalistes), voilà LA LITTÉRATURE.

Pascal en est le précurseur.

Théophile Gautier dormait, dit-on, aux représentations classiques, sans doute parce que l'éclat oriental de son imagination romantique ne trouvait pas à s'y satisfaire ; le brillant manquait à ces drames d'idées pures, de passions spiritualisées et pensantes. « Gautier dort pendant qu'on joue Racine, mais, la pièce finie, il se lève, et si on le lui demande, sur cette pièce qu'il n'a pas écoutée il écrira, sans y réfléchir, le plus éblouissant des feuilletons. C'est que pour Gautier peu importe le sujet, peu importe la pensée. De sujet il n'en cherche point : « Qu'est-ce qu'ils vont encore me faire faire ? » Et il ne pense guère à ce qu'il va écrire. *Pense-t-il jamais ?* Il peint des formes en mouvement et qu'il a le bonheur de voir belles » (1). La raison absorba trop souvent l'imagination chez les classiques ; chez les romantiques trop souvent l'imagination noya la raison. De là leur querelle. Quant à nos réalistes, ce n'est plus seulement la pensée et l'imagination qui font défaut à leurs productions cadavériques, l'âme est absente, dans toutes ses facultés. Mais ils travaillent le corps, comme les vers, ils travaillent la boue avec une *précision*, avec une *sincérité* consciencieuses. Que font-ils? Ils forgent l'instrument, ils l'essaient dans la fange du ruisseau. Un jour il sera levé vers le ciel ; il fixera non plus l'ordure mais l'étoile (2) avec une netteté formidable; et l'idée apparaîtra, éclatante comme l'imagination, tangible comme la matière ; elle resplendira dans une œuvre qui sera le baiser de paix des systèmes, une œuvre aussi ordonnée que puissante, aussi puissante que vraie, sérieuse comme la sagesse, magique comme le rêve, exacte comme la science, classique, romantique, réaliste.

(1) Ch. Morice.
(2) C'est-à-dire l'idée.

CHAPITRE III

LES SYSTÈMES THÉOLOGIQUES

Cette largeur d'esprit, je l'applique en tous les ordres d'idées. Je l'applique en religion.

Quelle est la religion de l'esprit large ?

Et d'abord, quel est le Dieu de l'esprit large ?

Est-il réel, ou idéal ?

Universel, ou déterminé ?

Infini, ou personnel ?

Connaissable, ou inconnaissable ?

Autant de mots, autant de systèmes. — Et ce ne sont pas là de simples mots vides et boursouflés, faits pour sonner dans quelques bouches de savants oisifs ou disputeurs, ce sont des mots immenses dont chacun a fait vivre — ou mourir — des millions d'hommes, battre — ou se glacer — des millions de cœurs. Questions d'apparence scolastique et subtile, en réalité questions capitales, car l'erreur en philosophie ressemble aux erreurs du télescope, où souvent se tromper d'un fil c'est se tromper de milliards de lieues. Un petit mot, ou un autre petit mot, et la face du monde change.

CHAPITRE IV

DIEU EST-IL RÉEL, OU DIEU EST-CE L'IDÉAL ?

1er *Système*. (Thèse) *Dieu est réel*. — Le divin est une réalité. Sous une forme ou sous une autre, finie ou infinie, physique ou spirituelle, les religions enseignent la réalité de Dieu. Pour le païen comme pour le juif, pour le sauvage comme pour le catholique, le divin existe, comme j'existe, comme vous existez, d'une existence aussi réelle, aussi vivante, plus réelle et plus vivante peut-être que la vôtre et la mienne. Le divin en Egypte c'est l'ibis, c'est le crocodile, etc... En Grèce c'est Jupiter, c'est Vénus ; ailleurs ce sera simplement une pierre noire, un poireau ou un oignon, mais peu importe ; grandiose ou ridicule, grotesque ou sublime, l'objet adoré est un *objet*, pour employer le langage de Kant, c'est-à-dire une réalité.

Cette croyance, purifiée, agrandie, est défendue par les trois quarts des philosophes. Il suffit de citer les théistes et les panthéistes. Pour les premiers, Dieu c'est l'Être ; pour les seconds, Dieu c'est l'Univers ; pour tous une réalité, et la plus haute, la plus profonde, la plus réelle des réalités qu'ils conçoivent : la Réalité même.

2me *Système.* (Antithèse) *Dieu c'est l'idéal.* — Lisez Renan, et une foule d'autres qui ne se considèrent pas toujours comme les moins pieux des mystiques : pour eux, Dieu est le nom propre de la perfection et de l'absolu : c'est l'Absolu, c'est la Perfection, mais ce n'est rien de réel. « La plus haute chose que nous connaissions *dans l'ordre de l'existence*, c'est l'humanité. » Au-dessus de l'humanité qu'y a-t-il donc, d'après M. Renan ? Ce qui n'est pas de l'ordre de l'existence, le contraire du réel : l'idéal.

Misérables, en face de nos chétives grandeurs ; artistes, en face de la beauté fugitive ; philosophes, devant la vérité incomplète et vacillante ; vertueux, devant nos pauvres vertus, nous faisons un rêve de parfait, nous agrandissons à l'infini tout ce que nous voyons et tout ce que nous sommes. Qu'avons-nous alors ? la grande Idée ; le type suprême de la Science, de la

Morale et de l'Art ; la Vérité, la Beauté, la Sainteté adorables ; Dieu !

Quelques religions, notamment le Bouddhisme, semblent professer une doctrine analogue ; de là peut-être le succès récent du Bouddhisme parmi nous.

Synthèse des deux systèmes contraires. — La conciliation est-elle possible ? Elle est plus que possible, elle est toute faite. Voici le système de la largeur d'esprit :

Dieu est réel (1er système).

Dieu est idéal (2e système).

Pourquoi mettre en lutte ces deux croyances ?

Dieu existe véritablement (Bossuet), et Dieu c'est l'absolue perfection (Renan).

Je vais plus loin, et remarquons-le, non seulement, ici comme ailleurs, les deux contraires se concilient, mais ils se complètent au point que, vus à fond, chacun des deux nécessite l'autre.

Et en effet : quelle est la vraie *réalité ?* quel est le plus haut point de l'existence, le comble du Réel ?

C'est l'Idéal, c'est le Parfait.

La vraie réalité est la réalité parfaite, complète, absolue.

Tant que le Réel s'arrête au-dessous de l'Idéal, il n'est pas complètement : c'est un réel inférieur, misérable. *Le vrai Réel, c'est l'Idéal réalisé.*

Donc le premier système implique naturellement le second. Et admirons ici combien dans les hauteurs tout s'embrasse, — et dans les hauteurs seulement. L'esprit étroit, qui rabaisse tout, voit partout des contradictions parce qu'il met partout des limites : partisan du premier système par exemple, il lui mettra des limites, il enfermera Dieu dans un oignon, dans une réalité inférieure et mesquine, et aussitôt la contradiction naîtra : le premier système contredira le second, car un oignon n'est pas l'Idéal. L'Idéal ne peut exister que dans une réalité *sans bornes*.

A son tour, le second système contredira le premier, si l'esprit étroit s'y loge. Renan est un esprit étroit qui met des bornes à l'Idéal. Il rapetisse la Perfection, en lui refusant le premier des biens : l'existence. Alors il nie la réalité de Dieu. Je le crois bien, mais a qui la faute ? Pourquoi rogner d'abord le Parfait, en lui marchandant la vie ? La perfection de M. Renan ressemble à la jument de don Quichotte : elle a toutes les qualités, mais elle est morte. Elle manque de la qualité essentielle. Aussi cette monture-là ne mène pas loin son cavalier. Faute de largeur d'esprit, il reste en route, à mi-chemin, non seulement de la synthèse, mais de son propre système à lui. Il ne voit pas que la perfection vraie n'a sa plénitude que dans l'Être, comme l'Être dans la Perfection ; que l'Idéal plein est réel, comme le Réel suprême est idéal, et que Dieu est le confluent de ces deux fleuves.

CHAPITRE V

DIEU, EST-CE UN ÊTRE DÉTERMINÉ, OU BIEN EST-CE L'UNIVERSEL ?

Dieu, c'est l'idéal réel : les esprits larges sont d'accord sur ce point. C'est la perfection vivante. Mais là s'élève la grande querelle du Panthéisme et du Déisme : qu'est-ce que cet idéal réel ? Où est cette perfection vivante ? C'est l'éternelle question de l'*Etre*, avec ses deux réponses contraires :

1ᵉʳ Système. (Thèse). *Dieu est un être déterminé.* — Dieu n'est ni vous, ni moi ; il est un être spécial, à part ; il est lui. Comme la rose est la rose, comme l'homme est l'homme, Dieu est Dieu. Moi, toi et le roi font trois, dit le proverbe ; et Dieu fait quatre. C'est le système de l'immense majorité des esprits ; mais il y en a un autre.

2ᵉ Système. (Antithèse). *Dieu est l'être universel.* — C'est le système des esprits subtils, c'est le second moment de l'idée, dirait Hegel, le second instant de la réflexion sur Dieu. L'enfant est théiste, partisan du 1ᵉʳ système ; le jeune homme est facilement panthéiste, partisan du 2ᵉ. Il se dit : « Si Dieu est Dieu, il est tout, Dieu est tout ou il n'est rien. Car s'il n'était pas tout, il lui manquerait quelque chose, il ne serait plus Dieu, ce serait un misérable. Donc le théiste a tort, Dieu n'est pas un être à part, déterminé et particulier ; c'est l'Être, l'Être universel, et il n'y a pas d'êtres hors de lui. » De là la formule : Dieu c'est le grand Tout.

Ce système est très en vogue aujourd'hui. C'est lui qui met une majuscule à la Nature, à l'Univers : « Oui, c'est toi seule que nous aimons, ô divine et éternelle Nature... » C'est lui qui remplissait les livres de Giordano Bruno, à qui on élève des statues ; c'est lui qui fait dire à Flammarion au sortir d'une cérémonie catholique : « Moi je cherche Dieu où il est, dans le ciel. » — et qui inspire toute sa philosophie astronomique de la *Vie éternelle et universelle dans l'Univers infini*.

Comment concilier ces deux systèmes ?

Synthèse des deux systèmes contraires. — Cette conciliation est peut-être la question suprême de la philosophie, j'allais dire la

grande question vitale. Car l'humanité vit
du divin ; il faut qu'elle mange le vrai Dieu.
Ah ! l'on se moque de la métaphysique !
On dit : « Qu'importe ? Les théories trans-
cendantes, qu'elles soient fausses ou qu'elles
soient vraies, ne pénètrent pas les masses.
Ce sont des jeux d'esprit qui ne mènent
pas le monde. Donnez-nous des choses
pratiques. » Ecoutons la réponse d'un grand
philosophe : « Toujours et partout, ce sont
les principes de la métaphysique la plus
élevée qui gouvernent les masses les plus
ignorantes de la métaphysique, non pas
directement, il est vrai, mais indirectement.
La vie privée des hommes, dans ses plus
humbles détails, est la traduction de la
métaphysique adoptée, et cette vie privée
est d'autant plus mauvaise que la métaphysique de l'erreur a plus généralement
et plus longtemps prévalu. Tout homme
qui agit, obéit, en agissant bien ou en agissant mal, à une théorie métaphysique très
profonde, qu'il ignore presque toujours,
mais que d'autres savent pour lui. Vous
qui coudoyez les passants dans les rues, et
qui dites : *qu'importe ?* en face des vérités
sublimes, que vous croyez abstraites, vous

ressemblez à un boulanger, qui, au fond de son four, en remuant sa pâte, parlerait de la lumière, et dirait : *que m'importe ?* On dirait, à entendre les hommes, qu'entre les rayons du soleil et le pain qu'ils mangent, il n'y a aucun rapport. Ils ne savent pas comment le blé mûrit. Ils oublient la lumière en se nourrissant d'elle (1). »

Tout cela pour vous dire en passant, cher ami et lecteur, que la philosophie est la chose la plus pratique du monde, et que le plus haut point de la philosophie étant la question le l'Être, le chapitre actuel est d'une importance capitale. *Dieu-être-à-part*, ou *Dieu-être-universel*, le Théisme ou le Panthéisme, il semble que cela n'est rien. Et c'est ce rien, tombé des sommets de l'abstraction, qui divise les intelligences, partage le monde en deux camps, fait de l'âge moderne l'ennemi du moyen âge, du jeune homme le renégat de sa naïve enfance ; et l'on voit tous les jours des ménages en désunion intellectuelle (la plus profonde de toutes) parce qu'il y a deux systèmes sur l'Être, que le couvent a donné

---

(1) Ernest Hello, *les Plateaux de la balance*, p. 2.

à la femme la conviction du premier, et le lycée à l'homme la persuasion du second.

Voici la paix et la réconciliation, — qui doivent comme toujours, commencer par les idées.

Voici la synthèse :

CHAPITRE VI

SYNTHÈSE DU PANTHÉISME ET DU THÉISME (1)

Dieu est l'Être général, le grand Tout, (1ᵉʳ système).

Dieu est un être déterminé, particulier, (2ᵉ système).

Les deux contraires, loin de s'exclure, se complètent l'un par l'autre, et constituent comme toujours, les deux moitiés de la vérité totale.

A. — *Dieu est l'Etre général, le grand Tout ;* le panthéiste a raison. Car comment refuser quelque chose à Dieu? Comment concevoir qu'il n'ait pas la plénitude de l'être, toutes les faces et toutes les perfections de l'être ? Il est la Lumière, il est le Feu, il est le Printemps, il est l'Amour, il est la Force, il est la Vie, il est tout. Et c'est pour cela qu'on l'adore.

Il Est : cette splendeur suffit pour qu'on frissonne (2).

---

(1) Nous entendons par Théisme la croyance à un Dieu distinct du monde, quel que soit ce Dieu.
(2) V. Hugo.

Le panthéiste a si bien raison, dans ce que sa conception de Dieu a d'immense, que tous les grands philosophes sont panthéistes, sitôt qu'ils prennent leur vol, même les plus chrétiens, même les plus *orthodoxes*. Il m'est tombé sous la main une méditation de M. Olier, le fondateur du séminaire catholique de Saint-Sulpice à Paris ; c'est une méditation sur le feu, qui débute ainsi : « Je vous adore, mon Dieu, qui êtes, qui vivez, et qui opérez en toutes choses ! Je vous adore, feu immense, feu vivant, feu consumant ; je vous adore en votre infinité, en votre ardeur et en votre activité !.. » Spinoza eût signé ces paroles, et M. Vacherot ne parlerait pas autrement. Je me souviens d'un passage où Bossuet, citant d'ailleurs saint Augustin, après avoir énuméré toutes les petites bontés particulières auxquelles nous attachons si aisément et si *étroitement* nos cœurs, exhorte les âmes à l'amour plus large de cette *bonté universelle* qui renferme toutes les autres dans son ampleur infinie. Et enfin, saint Thomas d'Aquin, le plus grand penseur peut-être de l'Eglise catholique, a écrit en toutes lettres : « Deus est omnia », *Dieu est tout.* C'est la formule même du panthéisme.

Mais le panthéisme n'est que la moitié de la vérité totale.

L'autre moitié, c'est le théisme.

B. — *Dieu est un être déterminé, un être particulier.* — Je disais tout à l'heure : « Le panthéisme a raison dans ce que sa conception de Dieu a d'immense. » Mais j'ajoute : Il a tort dans ce qu'elle a d'étroit. Le panthéisme qui s'élève à l'idée du grand tout, confond ce grand tout avec l'univers. Il emprisonne Dieu dans la nature, dans le temps, dans l'espace, comme s'il avait besoin de tout cela pour vivre et pour exister. Prison vaste, me direz-vous ; mais trop étroite pour Dieu. Dans la nature, tout commence et tout finit, tout est faible, tout passe. S'il y a tant de roses, comme l'a dit un poète, c'est qu'aucune ne suffit à en accomplir le type, à en satisfaire l'idéal. Il y a des parties qui souffrent dans la nature, et l'homme en sait quelque chose ; qui souffrent parce qu'il leur *manque* un bien. Il y a des pleurs, il y a des tortures. Et vous voulez que ce soit la Divinité, cela ? Vous donnez des maux de dents à Dieu, et vous lui donnez des coups de fouet. Dieu s'ennuie, il faut qu'il joue au billard. Dieu, tout d'abord et longtemps, n'a pensé à rien; puis peu à peu il s'est mis à exister nébuleusement dans la nébuleuse primitive; sans trop savoir ce qu'il faisait, naturellement, il s'est mis à tourner sur lui-même, etc., etc. Enfin, et après de bien longs services, il a été promu au grade de poisson; encore quelques milliers de siècles, et il obtiendra l'honneur d'aboyer dans le chien, de grimacer dans le singe, et enfin, terme suprême de ses aspirations progressives, le voici général : il pense dans l'homme, et il écrit *le Nouveau Spiritualisme* et *l'Origine des espèces*.

Non, Dieu n'est pas le monde.

— Mais alors, si Dieu n'est pas le monde, il n'est plus le grand Tout?

Ah ! c'est là qu'est le nœud gordien de la question, et peut-être de la philosophie. C'est là qu'est le précipice où Vacherot trébuche, où Spinoza s'est englouti.

Oui, Dieu est le grand Tout, mais c'est précisément parce qu'il est le grand Tout, qu'il n'est rien de mesquin, rien de borné, qu'il n'est aucune chose au monde. Il a tout l'être de la nature, tout l'être de l'humanité, toutes les qualités de tous les êtres, c'est vrai, mais il a tout cela supérieurement, immensément, divinement. Il ne l'a pas à notre étroite manière. Tout vit en lui, mais transfiguré. Dieu est la transfiguration infinie de toutes choses. [Nous citions tout à l'heure ce mot, qui est la formule même du panthéisme : Dieu est tout. Mais écoutez le mot qu'ajoute à cette même formule saint Thomas d'Aquin, qui vraiment, en cela, fut un profond penseur : Deus est omnia *eminenter*; Dieu est tout, mais éminemment. Il a *la perfection* de toute réalité.

Ainsi le théisme s'ajoute au panthéisme, non pour restreindre, mais pour agrandir la notion de Dieu, en la dégageant des limites de nos imperfections nécessaires. Ainsi sont conciliés les deux contraires : Dieu est le grand tout, et Dieu est un être à part. Il n'est pas le monde, il est mieux, il est, comme le répète M. Vacherot, *l'Idéal* du monde, — et l'*Idéal* (nous rappelons ici notre précédent chapitre) *Réel*.

CHAPITRE VII

DIEU ET LE MONDE. UN PROBLÈME.

Je vois bien ce qui fait la difficulté de cette conception de Dieu devant nos petites intelligences : elle les déborde par sa largeur. Elle admet le grand Tout divin, l'océan de l'être, la perfection, la plénitude ; et en dehors de ce grand Tout divin, elle admet autre chose, autre chose de non divin, l'univers. Elle n'exclut rien. Elle va jusqu'à la conciliation, la profonde conciliation à la Hegel, de ces deux immenses contradictoires apparents, Dieu et le monde : Dieu qui est tout, et qui n'est pas le monde ; le divin, qui n'empêche pas le non divin. Il y a là des profondeurs où se noient presque tous ceux qui réfléchissent, sans réfléchir assez. Car au premier degré de la réflexion il y a l'erreur, c'est-à-dire la vérité étroite. Au second seulement, la vérité immense, qui va d'un pôle à l'autre. Comme c'est plus aisé de ne voir qu'une moitié de la question ! rien que Dieu, rien que le monde, Dieu sans le monde, le monde sans Dieu! Et, un grand poète l'a dit,

Comme c'est plus aisé, c'est ce que font les hommes.

C'est ce que font les penseurs superficiels. De là le panthéisme au sens étroit du mot, en tant qu'il est la négation de tout ce qui n'est pas Dieu. De là tous les petits systèmes, fort en vogue par moments, qui cherchent commodément l'unité par l'exclusion de tout ce qui les gêne. Car la poursuite de l'unité est le travail de tout penseur. C'est son devoir. Seulement, il y a la grande unité, la vraie, qui contient tout : c'est la Philosophie (1); et il y a les petites unités étroites, exclusives : ce sont les systèmes. Le système fait l'unité comme l'enfant sur le clavier, avec une note. Il ignore *l'accord*, cette conciliation. Il ignore le concert, cet accord des accords. L'enfant joue avec un doigt; il n'a pas cette largeur de main, qui s'étend d'un bout de la gamme à l'autre. Le petit philosophe manque de largeur d'esprit. Voltaire est un petit philosophe. M. Taine est un petit philosophe.

(1) Si bien nommée : le savoir unifié.

Ouvrez Spinoza : tout est divin. Ouvrez Moleschott : tout est matière. Les esprits étroits! Comme s'il n'y avait pas place à tout dans l'espace intellectuel! Mais nous reviendrons sur cette vaste synthèse. Continuons l'exposé des idées qu'on se fait de Dieu.

CHAPITRE VIII

DIEU EST-IL PERSONNEL, OU EST-IL L'IMMENSITÉ INFINIE ?

1ᵉʳ système. (Thèse) *Dieu est personnel.*

O Père qu'adore mon père...
(LAMARTINE.)

Dixit : Fiat lux, et facta est lux. (MOÏSE.)

Annuit, et totum nutu tremefecit olympum.
(VIRGILE.)

Dans ce système, qui est celui du paganisme, du christianisme, de la foule, et d'un très grand nombre de penseurs, non seulement Dieu est un être déterminé, comme nous l'avons vu dans le précédent chapitre, un être à part, distinct de la nature, de l'univers ; mais c'est un être qui ressemble à l'homme beaucoup plus qu'à tout le reste, en ce qu'il est *personnel*, comme vous, comme moi. Dieu est une personne pour Jules Simon ; Dieu est trois personnes pour l'Eglise catholique. Toujours est-il que, dans ce système, Dieu est un être intelligent et libre, pensant et aimant, qui peut dire : Je veux ; qu'on peut appeler un père, un ami, un monarque, un maître ; qui a l'œil ouvert sur le crime et l'innocence, qui envoie ses anges à Abraham, etc... Dieu est personnel.

2ᵉ *système.* (Antithèse) *Dieu est l'immensité infinie.* — En général, les partisans de ce second système traitent le premier d'humain, d'enfantin. Ils regardent le ciel et s'écrient : Dieu c'est l'immense. Vous êtes une personne, vous ; mais Dieu c'est l'infini. M. Flammarion se raille, dans ses ouvrages, de ceux qui mettent Dieu dans les chapelles, tandis qu'il a l'ampleur de l'univers. A certains moments, il semble confondre Dieu avec l'espace, tant cette idée de l'immensité le poursuit. Son culte (car c'est un culte) de l'astronomie, dont il fait presque une religion, provient en partie de cette sorte de divinisation de l'espace, d'adoration de l'immensité. Il entrevoit une vérité sublime, mais faute de profondeur d'esprit, cette forme de la largeur, il échoue, et roule dans le panthéisme vulgaire, à mi-chemin de la vérité totale.

Synthèse des deux contraires. — Dieu est immense, et Dieu est personnel. Nous répéterons ici notre formule émise ailleurs :

non seulement les contraires ne s'excluent pas mais ils s'appellent. Seulement, à une condition : qu'ils sacrifient leurs limites, c'est-à-dire leur petitesse; si vous vous faites des idées étroites de la personnalité ou de l'immensité, vous ne les concilierez pas. Rien ne se concilie que dans la largeur d'esprit. Et que les esprits larges sont rares ! Presque toujours, par exemple, quand nous concevons *la personnalité*, nous y ajoutons des bornes humaines : nous en retranchons l'immensité. Comme nous vivons dans un monde où les *personnes* vont et viennent, ont deux bras et deux jambes, et parlent avec une bouche qui a deux mâchoires et 32 dents, malgré nous il nous reste à l'esprit, liée à ce mot « une personne », l'impression mesquine d'un être humain et borné. Nous faisons de l'*anthropomorphisme*, pour employer le jargon de l'école. La personnalité des dieux de l'Olympe était conçue sur ce modèle-là.

D'autre part nous rabaissons l'Immensité, elle aussi, en la concevant à notre manière humaine et matérielle. Comme l'astronome dont je parlais tout à l'heure, nous la matérialisons, nous nommons de ce nom sublime le simple espace qui sépare les corps, ce grand vide qui n'est que l'image, le reflet dans le néant, de la véritable immensité de l'Être plein.

Dès lors, c'est clair, plus moyen de s'entendre. Ayant abaissé les idées, nous les opposons facilement, et les systèmes entrent en guerre. Car enfin, c'est évident, une *personne* comme vous n'est pas l'*Espace*, et l'espace qui sépare les nébuleuses ne saurait être une personne. Mais à qui la faute?

A l'esprit étroit, toujours.

Supprimez les bornes, les petitesses, les grossières matérialisations des choses, élargissez vos conceptions :

Qu'est-ce alors que la *personnalité?*

La plus haute forme de l'être, la propriété individuelle de l'intelligence et de la liberté. Plus l'être monte, plus il est personnel: l'animal l'est plus que le caillou, je le suis plus que l'animal, le génie l'est plus que moi. Le grand écrivain est original, plus que l'écrivain vulgaire, il est plus *lui*. La personnalité est une perfection, Dieu est la personnalité infinie.

Et qu'est-ce que l'*immensité*, au sens large et philosophique ?

C'est la grandeur sans bornes de l'être, c'est la plénitude sans limites, l'océan sans rives de toutes les perfections. Dieu est l'immensité même, au sens sublime du mot.

Mais comprend-on les choses sublimes? Voit-on que l'Infini est en même temps forcément une personnalité, que l'immensité vraie est personnelle?

Deux petits systèmes, c'est plus facile.

CHAPITRE IX

DIEU EST-IL CONNAISSABLE, OU EST-IL INCONNAISSABLE ?

1ᵉʳ Système. (Thèse) *Dieu est connaissable.* — Toutes les religions prétendent connaître Dieu. Les philosophes le définissent, chacun à sa manière : Renan l'appelle l'Idéal, David le Tout-Puissant, le chrétien notre Père. Chacun a son idée de Dieu, et comme nous venons de le voir, toutes ces idées se concilient, et forment, en se conciliant, la connaissance la plus parfaite que nous ayons du divin. Mais pousserai-je la largeur d'esprit jusqu'à l'acceptation de l'idée suivante ?

2ᵉ Système. (Anthithèse) *Dieu est inconnaissable.* — C'est l'Inconnaissable comme disent les philosophes anglais. C'est le Mystère, disent les poètes, et les partisans des révélations eux-mêmes ; le Mystère, c'est-à-dire l'Obscur, le grand Inconnu dont jamais l'homme ne soulèvera les voiles, l'Abîme dont jamais il ne percera les ombres. Isis était voilée chez les Grecs, le saint des saints était sombre chez les Juifs, et l'univers est dans le silence, car le sphynx n'a pas dit le mot.

Synthèse. — Les deux systèmes font la vérité totale.

Dieu est connaissable ; car nous avons la nature, nous avons la raison, nous avons les religions et les philosophies pour le connaître. Et puisque leurs lumières, mises en faisceau par l'esprit large et conciliateur, s'harmonisent comme nous l'avons vu, comme nous le verrons mieux encore, et se complètent si bien malgré leurs contradictions apparentes, comment douterions-nous?

Mais Dieu reste inconnaissable et mystérieux dans ses profondeurs. Le grand Lumineux est le grand Obscur, non pas en soi, mais pour nous, non par obscurité, mais par excès de lumière. « Ni l'Être ni le Soleil ne se peuvent regarder en face », dirait la Rochefoucauld. Le *Divin* est la clarté même, mais c'est la clarté immense, faite pour des yeux infinis. L'œil borné ne peut la *comprendre*, bien qu'elle soit la Lumière. Il n'en reçoit que quelques rayons, suffisants pour éclairer le monde. Le fond reste impénétrable.

Dieu est la Clarté. Dieu est le Mystère.

CHAPITRE X

AU BORD DES RELIGIONS

Ce serait le lieu peut-être, ici, de pénétrer dans le Mystère, dans le Temple, par l'étude toute moderne des religions comparées, étude qui nous réserve des résultats surprenants. Nous consacrerons un volume à la religion de l'esprit large, un volume qui dira le dernier mot de notre pensée, et achèvera, dans ses grandes lignes, l'idée totale que nous poursuivons à travers les idées partielles.

Ce que nous cherchons dans le présent volume, ce n'est pas encore la Religion, c'est seulement la Philosophie, la plus large conception philosophique des choses. Nous venons, dans les derniers chapitres, par notre méthode ordinaire de la fusion des systèmes, d'esquisser l'idée du Divin. Il nous reste, dans les chapitres suivants, à mettre en évidence plus vive encore la largeur de notre philosophie comparée aux conceptions les plus vastes, à répondre à certaines difficultés, et enfin à montrer le sens profond de l'athéisme.

LIVRE HUITIÈME

LA PLUS LARGE CONCEPTION INTELLECTUELLE

CHAPITRE I

L'ABIME

Je me suis dit souvent — et ceci n'est-ce pas la conviction et la passion du penseur ? — la vérité doit être ce qu'il y a de plus grand. Elle doit être infinie, et infinie en tous sens : infinie en splendeur, infinie en force, infinie en grâce, infinie en douceur. Elle doit être à la fois l'Idéal même, et la Réalité même. Elle doit être le grand Tout qui n'exclut rien, l'Océan en qui la joie, la beauté, l'enivrement, la gloire, toutes les puissances, toutes les voluptés, toutes les puretés de l'être mêlent en chantant leurs flots sublimes. Elle est l'Ineffable qui contient tout, et si nous la voyions, crie l'Aigle de la Philosophie, nous mourrions.

Nous mourrions pour nous relever immortels !

Alors je creusais dans mon imagination un vide sans fond et sans rivage, un vide où toutes les immensités réunies se fussent engouffrées durant les siècles des siècles sans le remplir, presque sans en effleurer la profondeur littéralement infinie. Ce n'était pas un abîme, c'était l'Abîme, l'Abîme unique et absolu. J'y jetais tous les soleils qui resplendissent là-haut dans les firmaments sublimes de l'astronomie moderne, tous les rayons argentés qui tombent de toutes les lunes de l'univers, tous les feux des volcans, toutes les flammes des incendies splendides, toutes les lueurs de tous les flambeaux, toutes les magnificences de nos couchants empourprés et de nos aubes mouillées, toutes les fraîcheurs et toutes les gloires de la lumière. Et ce n'était pas seulement les flots de cette lumière visible et matérielle que j'y précipitais à torrents :

tout ce qui dans nos langages humains
porte le nom de clarté ou de splendeur, la
clarté de toutes les intelligences, la splendeur de toutes les pensées et de toutes
les poésies, tout ce qui a été vu jamais de
brillant, d'éclatant, d'éblouissant, au ciel
de la raison ou de l'enthousiasme, de la
réflexion ou du rêve ; toutes les conceptions lumineuses de tous les génies morts
ou vivants, réels ou possibles, toutes les
inspirations des poètes, tous les fleuves
d'éloquence qui ont coulé de la bouche des
orateurs et en couleront durant les siècles
multipliés par les mondes ; tous les rayons,
toutes les clartés, tous les éclairs et tous
les soleils de la nature, de l'esprit, je les
amassais en océan pour les précipiter dans
l'Abîme. Et je recommençais toujours, et
je continuais à jamais. Quand j'eus comblé
l'infini, l'Abîme était lumineux. Ce n'était
pas le soleil, ce n'était pas le volcan, ce
n'était rien de petit et de borné ; ce n'était
pas la lumière suave d'une aurore ou la
lumière rouge d'un incendie, la clarté nue
du philosophe ou la clarté mystérieuse du
poète ; ce n'était pas telle clarté ou telle
lumière : c'était la Lumière, c'était la

Clarté. Et dans cette Clarté une et universelle, totale et infinie, toutes les couleurs et toutes les teintes, toutes les gloires et toutes les délicatesses de toutes les lumières étaient fondues et unifiées. Ce n'était pas la Lumière vide et abstraite à la façon de cet être abstrait dont parle M. Vacherot par exemple, ou Hegel, pour qui l'idée générale (1) est creuse parce qu'elle serait indéterminée et vague. Rien n'est déterminé et précis comme l'idée générale, seulement c'est une précision plus large, qui renferme, en les conciliant, toutes les précisions particulières. La lumière du soleil, qui déjà est une généralisation puisqu'elle est la synthèse des couleurs, est aussi claire, plus claire et plus pleine que les couleurs elles-mêmes ; et la Lumière en général, la Lumière tout court, qui contient toutes les autres, est la plénitude, la précision, le nom même, le nom propre de la lumière. C'est pour cela qu'on l'écrit avec une majuscule, comme tout à l'heure j'écrivais l'Abîme, l'abîme par excellence. Elle a tous les charmes des aurores, toutes les

---

(1) L'idée de Lumière par exemple.

splendeurs de tous les couchants, dans un midi éternel ; elle a toutes les clartés du génie et de tous les génies, tous les rayonnements, tous les éclats, toutes les nuances de la pensée dans tous ses ordres, philosophique, poétique, scientifique, simple, sublime, et toutes ces nuances en elle ne sont pas distinctes et séparées comme chez nous — pauvres hommes : la séparation est une indigence. Dans la Lumière totale, tout se tient, tout se compénètre et se fond pour ainsi dire : la Philosophie est la Poésie, la Poésie est la Science, le simple est en même temps le sublime, et même le mot lumière perd son double sens : la pensée est le soleil ! Car au fond et dans l'infini, tout est identique, suivant la très savante formule d'Hegel, et dans l'abîme de toutes les clartés diverses, dégagées de leurs limites et poussées à l'infini, la Clarté est une.

C'est la Splendeur de l'Abîme.

CHAPITRE II

LA SYNTHÈSE DE L'INFINI

Il n'y a pas que de la lumière dans le monde. Il y a de la chaleur, il y a de l'amour. Mais nos pauvres petits amours pleurent sur nos pauvres petits étés. Nous ne sommes pas l'infini, nous ne sommes pas l'abîme. Et puis chaque monde a ses étés, chaque cœur a ses amours, et il n'y a pas de monde, il n'y a pas de cœur qui les réunisse tous dans son immense plénitude. Tout est petit, tout est séparé. Où est le parfait? où est l'Amour, l'ardeur infinie? Je prends tous les chauds effluves qui rayonnent de tous les soleils, toutes les tendresses passionnées et pures qui sortent de tous les cœurs de mères, d'épouses, de fils, de tous les foyers d'affection et de dévouement terrestres. Je les prends avec leurs nuances, leurs limites, leurs qualités, leurs imperfections ; je conserve les nuances, je supprime les imperfections et les limites, je pousse les qualités à l'infini, et en même temps à l'unité : qu'ai-je alors?

L'ardeur immense, l'affection sans bornes contenant dans son plein immuable toutes les phases et toutes les variétés des affections multiples et éphémères. C'est l'Ardeur, c'est l'Affection sans épithètes, parce qu'elle les renferme toutes. C'est le brasier du Cœur éternel, l'abîme d'amour et de feu, après l'abîme de pensée et de lumière.

Et c'est le même abîme, car l'infini contient tout.

Tous les charmes de tous les printemps réunis en un ineffable mois de mai, toutes les douceurs de toutes les chansons, toutes les séductions de toutes les roses, je les verse en lui. Il est le Printemps, il est la Fleur suprême ayant en elle tout ravissement et tout parfum, toutes les fleurs. Et en même temps, il est le Fruit par excellence, où tous les autres ont exprimé jusqu'à la dernière goutte la suavité de leurs sucs et de leurs aromes. Car s'il a toutes les grâces du printemps, il a toutes les fécondités de l'automne, comme de l'été toutes les ardeurs, et des neiges d'hiver les puretés éblouissantes. Car nos contraires à nous se concilient dans la synthèse de l'infini qui est tout sans être rien de borné. Ce sont les bornes qui empêchent la synthèse : nos petits arbres n'ont de fruits qu'en cessant d'avoir des fleurs. Mais dans l'abîme, je le répète, rien ne s'exclut et tout coexiste à la fois, parce que les bornes ont disparu. L'abîme est le grand conciliateur. Chez nous tout existe dispersé, morcelé ; le père a la fermeté, et la mère a la tendresse, la rose embaume mais c'est le pain qui nourrit, [et la terre qui a besoin d'eau et de chaleur, ne les trouve unies ni dans l'océan ni dans le soleil ; c'est que l'océan et le soleil sont petits. Mais le parfait est ce qui est tout : il est le père, il est la mère, il est la rose, il est le pain, il est l'océan, il est le soleil ; il est fermeté et tendresse, parfum et nourriture, rafraîchissement et rayonnement infinis. Prenez un être quelconque, le cheval par exemple : tout ce que le cheval possède de qualités, sous sa forme étroite et animale, tout ce qui fait sa valeur pratique et esthétique : noblesse, agilité, souplesse, force, élan, ardeur, le parfait a tout cela, sans les bornes de tout cela. Si l'âne a la sobriété et la patience, sans parler de l'entêtement et de la rusticité, le parfait, lui aussi, est patience et sobriété à sa manière infinie, et la rusticité et l'entêtement, perdant les ridicules de leur état inférieur, revêtiront chez lui les formes idéales de la persévérance et de la simplicité. Il n'est pas jusqu'à l'inertie de la matière qu'il ne possède, sous la forme superbe de la résistance et de l'immutabilité. On compare parfois le juste à un rocher battu par les flots : le parfait est le roc par excellence, que le néant ne peut entamer. Mais en même temps il est l'activité effrayante, et la légèreté, et la grâce qui se joue dans les rayons et les fleurs ; car le papillon charmant et le tonnerre et l'éclair, lui paient tribut aussi bien que la pierre brute, et ce tribut c'est eux-mêmes, moins leurs limites et leur étroitesse : les ruisseaux perdent leurs rives en entrant dans l'immensité de la mer, mais ils y entrent tout entiers. L'abîme reçoit tout et admet tout ; tout jusqu'aux contraires les plus invraisemblables et aux plus lointains extrêmes : il est la synthèse de la force la plus formidable et de la plus suave douceur, de l'ardeur la plus passionnée et de la pureté la plus exquise, de la simplicité et de la magnificence, de l'inexorable justice et de la bonté la plus tendre, de la grandeur et de l'humilité, du mystère et de la splendeur. Il est la synthèse de toutes choses. Il est tout, et il est un : l'infini du monde est l'infini de la personne.

Voilà l'abîme. Et c'est mon Dieu.

Il est évident, non seulement qu'il n'y a pas, mais qu'il ne peut y avoir une conception plus large, plus encyclopédique, plus immense.

Donc c'est le vrai Dieu.

CHAPITRE III

LES IDOLATRES

Je ris quand je pense au petit dieu du panthéisme vulgaire, de Vacherot ou de Spinoza, ou du paganisme (car le panthéisme, c'est le paganisme philosophique); je ris quand on me parle de ce petit dieu qui est poisson, taupe ou crocodile, qui a besoin d'air pour respirer, de temps pour s'accroître, d'espace pour s'allonger; qui ne peut vivre que « dans les individus et par les individus », comme l'a écrit M. Vacherot; à qui il faut, pour penser, un petit cerveau d'homme, et, pour aimer, un petit cœur de femme. C'est maigre, pour un Dieu. Ce dieu-là a commencé en Egypte, il y a des milliers d'ans, avec l'adoration du bœuf blanc et de l'ibis rouge. Il a passé en Grèce où le génie attique et l'amour des belles formes l'ont poli et civilisé en Zeus, Dyonisios et Aphrodite, et tous les dieux humains de l'Olympe. Il a été la religion de Rome et aujourd'hui on l'adore chez les nègres de l'Afrique et dans les îles de l'Océanie sous mille formes encore plus grossières. De la religion, il a envahi la philosophie ; et le paganisme, le fétichisme païen ou sauvage, est devenu le panthéisme qui a des sièges aux académies. La philosophie approfondit tout : le panthéisme a approfondi le paganisme, il l'a agrandi, étendu ; il a fait la synthèse de tous les dieux, et il adore cet ensemble : l'univers-Dieu ! Le panthéisme est l'idolâtrie savante.

L'Europe, à l'heure où j'écris, est pleine d'idolâtres. Ouvrez les livres en vogue, les ouvrages de Flammarion, par exemple, vous y verrez l'idolâtrie de la nature divinisée, percer à toutes les pages : l'astronomie est plus qu'une science pour lui, c'est une religion ; c'est la religion, parce que Dieu c'est l'univers étoilé. Vacherot est un idolâtre. Renan est un idolâtre, un païen raffiné et délicat, mais un païen. S'il nie la divinité du Christ comme incarnation volontaire du Verbe, il ne la nie pas comme suprême expression de la nature humaine ; pour lui le Christ est un Dieu, comme pour Tibère qui voulait l'admettre au Panthéon, comme pour Héliogabale, qui rêvait à Rome une sorte de synthèse de tous les cultes du monde, une véritable ébauche du panthéisme. Héliogabale et Renan se fussent bien entendus : tous deux sont des idolâtres en grand. L'un a résumé tous les paganismes, et l'autre a donné la formule savante du paganisme de tous les temps et de tous les lieux : Dieu c'est la nature et l'humanité. C'était la religion de Littré. C'est presque, aujourd'hui, la religion officielle de la France.

CHAPITRE IV

UN FORMIDABLE OUBLI

Nous retrouvons l'idée précédente au fond de tous les systèmes allemands du commencement du siècle, des Fichte, des Schelling, de toutes ces grandes philosophies qui ont eu sur le Moi des vues si obscures parce qu'on les applique à l'homme, si lumineuses appliquées au véritable infini.

Toutes ces philosophies sont des synthèses comme la nôtre. Toutes ont cherché la grande unité, le grand tout, Dieu. Leurs auteurs ont compris — comme Renan, comme Vacherot, comme Spinoza, comme tous les penseurs — (et cette idée est la grandeur du panthéisme), que Dieu doit tout contenir, qu'il est la synthèse de toutes choses.

Ils ont oublié un point.

Lequel?

Le point capital, la suppression des limites.

Dieu est la synthèse SANS BORNES de toutes choses. Voilà le Dieu des esprits larges.

Et là je touche le fond de la fameuse philosophie d'Hegel comme on va le voir.

CHAPITRE V

LE FAUX PAS D'HEGEL

J'aime Hegel, je vous l'ai dit déjà, parce qu'il visait à la largeur d'esprit. Sa philosophie est un vaste essai de conciliation universelle dans l'unité d'une conception gigantesque. Mais ce n'est qu'un essai, et il a manqué le but. Il n'a fait que la contrefaçon, la grimace de ce qu'il devait faire, et comme le génie va toujours très loin et aime à dire le dernier mot des choses, le grand Hegel, n'ayant pu prononcer la plus haute formule de l'intelligence, a émis la suprême formule de la folie. Il me semble que sa mission était de donner *la largeur* à la raison moderne, de créer autour d'elle comme une immense atmosphère. Il ne lui a donné que le vide, et *l'on meurt dans cet air*, dit Musset. Hegel et Kant sont les deux grands coupables de l'anémie de la raison actuelle.

Comment Hegel est-il arrivé à cette formule suprême de l'absurde, de la folie et de l'idiotisme, qui a tué tant d'hommes dans notre siècle; qui fait expirer non seulement toute conviction dans l'âme mais toute parole sur les lèvres? car si L'ÊTRE C'EST LE NÉANT, si toute vérité est une contradiction, il n'y a plus qu'à se taire. Le silence est le fruit logique de cette philosophie; non pas le silence de l'adoration ou du génie, mais le silence de la bêtise.

Comment est-il tombé à cet abîme ?

Par la voie qui mène aux plus hauts sommets.

Seulement il a fait un faux pas, et le voici :

CHAPITRE VI

LE SECRET DE LA CONCILIATION : LA SUPPRESSION DES LIMITES

Il en est de Dieu comme de la vérité, qui est dans la conciliation des contraires, DES CONTRAIRES ET NON DES CONTRADICTOIRES !

Et vous allez comprendre l'énormité du malentendu.

Je comparerais volontiers tous les êtres de la nature et de l'humanité à de petits systèmes étroits et partiels, pareils à ceux où s'est morcelée en s'y emprisonnant la pensée philosophique intégrale, dont je recherche un peu partout les débris. Pour avoir la philosophie complète, la vérité, il faut unir, concilier tous ces systèmes. C'est ce que je disais en commençant cet ouvrage. Et j'ajoute en le terminant : Pour avoir l'Être complet, Dieu, il faut unir et concilier tous les êtres.

Mais vous savez l'objection : « Comment concilier des systèmes ennemis qui ne peuvent pas s'entendre ? Impossible. »

Impossible n'est pas philosophique. Et je vous ai dit le secret.

Ils ne s'entendent pas parce qu'ils sont étroits. Supprimez l'étroitesse, la limite, l'esprit d'exclusion ; prêchez la tolérance.

Et ils se sont entendus.

Eh bien, je dis qu'il en est de même des êtres.

Les êtres étroits et contradictoires ne pourront jamais s'unir et se concilier dans l'unité substantielle de l'Être que rêvent Spinoza et Hegel, sans le sacrifice de leurs bornes, c'est-à-dire en somme, de leur pauvreté et de leur néant.

De leur *néant*, retenez bien le mot, autrement dit de leur défaut d'être, de leurs *défauts*.

Avez-vous remarqué ceci? C'est par les défauts qu'on se heurte. Un homme *manque* de bonté : pour peu que son voisin en manque aussi, la bonne harmonie sera tôt rompue. La société, qui est la synthèse et l'union des hommes, suppose le sacrifice des défauts, des petitesses, des égoïsmes personnels, — de tout le néant humain. Au contraire, toutes les qualités, toutes les vertus sont sociables. Elles se concilient toujours, même les contraires, surtout les contraires. Car la perfection, sociale ou individuelle, est dans l'union des qualités opposées : esprit d'économie *et de générosité* (voilà pour l'usage des biens), de fermeté *et de douceur* (voilà pour la conduite de la famille), d'autorité *et de liberté* (voilà pour l'Etat), d'élégance *et de simplicité* (voilà pour le style — et la toilette des femmes), etc.

L'élégance toute seule dégénèrerait vite en afféterie et en mauvais goût, l'autorité en despotisme, la liberté en licence, l'économie en avarice, la générosité en prodigalité. C'est ce qui a fait dire que la vertu était dans la mesure, « in medio virtus » ; mais j'aime peu cette définition qui semble mettre le bien dans le médiocre (c'est un païen qui l'a donnée). La vérité c'est que le bien est dans l'union des extrêmes : si l'on pouvait à la fois par exemple tout garder et tout donner, ne serait-ce pas l'idéal ? Car l'avarice, remarquez-le, n'est pas un mal en ce qu'elle garde tout, elle est un mal en ce qu'elle ne donne rien. Il en est de même de l'égoïsme : on ne saurait trop s'aimer soi-même, à condition qu'on ait le même amour pour autrui ; l'amour-propre n'est coupable que s'il exclut la charité, mais en lui-même l'amour de soi, de ses intérêts, de son bonheur, est un devoir commandé par toutes les religions, et la sainteté est l'art d'assurer sa félicité éternelle. Ce n'est donc pas l'extrême qui est un mal, c'est l'exclusion de l'autre extrême, de l'autre pôle de la vertu.

Le bien est dans la conciliation des contraires, et le mal est une exclusion.

Maintenant vous allez comprendre l'énormité de l'erreur d'Hegel.

Il introduit l'*exclusion* en Dieu !

Voici comment.

CHAPITRE VII

COMMENT HEGEL ARRIVE A L'ÊTRE-NÉANT

Il jette un regard sur le monde, sur la multitude des *êtres* qui le composent, étroits, petits, contradictoires, mélangés d'être et de néant, de qualités et de défauts, de beautés et de laideurs, et de là il cherche à s'élever, comme tout philosophe, à l'idée de l'être pur, de l'être complet, à l'idée de l'être. Ceci c'est la philosophie même, comme c'est au fond la poésie, car l'être et l'idéal sont identiques.

Mais comment y arrivera-t-il, à cette idée de l'Être complet ?

Evidemment, par la synthèse.

Seulement c'est ici la formidable distraction d'Hegel.

Il néglige tout simplement, en faisant cette synthèse des êtres pour obtenir l'Infini, d'enlever les bornes.

Il oublie que les défauts, comme nous le remarquions tout à l'heure, sont des *manques d'être*, que le mal est une exclusion, et que la largeur d'esprit consiste à le rejeter.

Aspirant à la plus large et à la plus haute des conceptions de l'intelligence, il prend tous les êtres avec toutes leurs qualités, *et en y joignant tous leurs défauts*, sans voir que cette addition apparente est une soustraction réelle, et qu'il enlève au lieu d'ajouter. Il y a de la beauté dans le monde par exemple, il y a de l'intelligence dans l'homme : il mettra donc dans l'Être la beauté et l'intelligence. Mais comme il y a aussi dans le monde de la laideur et de la sottise, c'est-à-dire des manques d'intelligence et de beauté, des *défauts*, il se croira obligé, pour être impartial et large, de les faire entrer, eux aussi, dans sa synthèse, dans sa composition de l'être par excellence. Il faut être complet n'est-ce pas, et ne rien exclure? Et il ne voit pas qu'admettre le mal, cette exclusion, c'est en réalité exclure, et que l'être complet est précisément celui qui est sans défauts ! Il ne voit pas que si les contraires, c'est-à-dire les faces opposées du bien s'harmonisent admirablement dans la synthèse de l'Être, y ajouter le mal c'est introduire immédiatement la contradiction et l'absurde, parce que c'est retrancher ce qu'on vient de mettre : si l'Être est méchant il n'est plus bon, c'est trop clair. Hegel s'en aperçoit tout à coup, sent qu'il se contredit, qu'il se détruit lui-même. Mais Hegel était un logicien, qui ne s'arrêtait pas en route. Il continue, et arrivé au sommet il se trouve au fond de l'abîme, il a tout admis, il a tout exclu, et la Formule de l'Absurde est prononcée : l'Être c'est le Néant. Voilà le mot. Et c'est le dernier mot du panthéisme vulgaire, cette synthèse des idolâtries. Que fait-il du grand Tout ?

Il en fait le grand Rien.

Et le monde reste aux matérialistes.

CHAPITRE VIII

LA VRAIE IDÉE DE L'INFINI

J'avais raison de parler de l'esprit étroit du panthéisme ordinaire, cette doctrine qui s'attribue quelquefois le monopole de la largeur d'esprit. La largeur d'esprit est le fait du panthéisme supérieur, de celui qui ne permet pas à *l'exclusion* de s'introduire dans son idée d'infini ; qui dit tout de Dieu sans en rien nier ; qui jette à cet océan tous les fleuves, mais délivrés de leurs rives, tout l'être de tous les êtres, *dépouillés de leurs bornes et de leur néant*. Dieu est la transfiguration infinie (1) de toutes nos gloires et de toutes nos splendeurs : beauté, force, amour, vertu, grandeur, intelligence, lumière, printemps, éclat, douceur, poésie, etc... Il n'est pas nous, parce que nous avons des bornes (nous ne sommes que peu), mais le peu que nous sommes, tout ce que nous sommes, il l'est ; il l'est, comme disent les mathématiques,

---

(1) Le mot infini veut précisément dire sans les bornes (*fines*), sans les défauts.

à la puissance infinie. Il n'est pas la matière, parce que, plus que nous encore, la matière est misérable ; mais toutes les énergies, tous les resplendissements, toutes les solidités, toutes les souplesses, toutes les saveurs, toutes les gloires de la matière, tout ce qu'elle a chétivement, roule à flots dans son essence éternelle. Il n'est pas l'esprit humain, parce que l'esprit humain est petit, mais il en a toutes les pensées, comme des gouttes, dans l'océan de sa pensée ; tous les amours dans son abîme d'amour. Tont ce qu'une âme éprouve de ravissement devant l'infini de la mer — cette goutte d'eau —, devant les magnificences du soir — cette étincelle —, tout ce qu'elle a senti ou pressenti jamais dans les extases du cœur, elle l'éprouverait devant Lui, devant Elle ! car il est la splendeur de l'éternel féminin, l'éternelle grâce comme la force éternelle. Il est la Virginité par essence et la Fécondité infinie. Il est a conciliation universelle des faces opposées de tous les êtres. Il est tout, et il est tout à la fois. C'est à Lui que nos artistes rêvent, c'est de Lui que nos savants méditent, c'est à Lui qu'aspirent nos vertus dans leurs plus sublimes élans. Car il est l'idéal réel de toute chose et de toute aspiration. Il est le Vertueux et la Vertu, il est la Science et le Savant, il est l'Art et il est l'Artiste. Et le Savant c'est l'Artiste, et l'Artiste c'est le Saint : Art, Science et Vertu, ces contraires humains, ne font qu'un en lui. Tous les spectacles de la création et de l'humanité, de la nature ou de l'âme, ne sont que des esquisses décolorées de l'ineffable et immense Spectacle, du spectacle qu'il contemple et qui est Lui. Toutes les harmonies de la musique et des mondes ne sont que des échos lointains et affaiblis du Concert qu'Il écoute au plus intime de l'Être, de ce concert qui est l'Être harmonieux, car l'Être est harmonie comme il est spectacle. Il est *éclatant*, dans les deux sens de ce mot. C'est l'éclat de la lumière harmonieuse, et cette lumière est pensée (c'est la Science), elle est sagesse (c'est la Morale), elle est splendeur (c'est l'Art). Dieu est *le Confluent de tous les fleuves.*

Voilà le Dieu des esprits larges, je le répète ; voilà le panthéisme supérieur.

Au lieu de cela que nous donne le panthéisme idolâtre ?

Il nous donne un Dieu qui est *un fleuve* (idolâtrie partielle), ou qui est *tous les fleuves* (panthéisme, idolâtrie totale). Ce n'est pas l'Océan, cela ; c'est un ruisseau dans le premier cas, et dans le second c'est un gâchis. C'est le gâchis divinisé. Hegel qui l'a regardé de près, qui l'a serré dans sa logique inflexible, en a fait jaillir l'Absurde, qui est la formule profonde du panthéisme vulgaire. Il a réduit son Être au néant.

Oui, cela peut paraître grand aux petits esprits (1), de dire : *la Nature !* avec une majuscule, de s'écrier avec l'auteur des *Terres du Ciel :* « Oui, c'est toi, c'est toi seule que nous aimons, ô divine et éternelle Nature ! c'est toi seule qui es vraie, toi seule qu'il faut entendre,... et c'est ta parole acrée qui est l'unique révélation. » Cela peut paraître grand, et j'ajoute : cela est grand en effet si on l'entend avec l'esprit large, si l'on parle de la nature suprême, de la nature parfaite et infinie : c'est alors le panthéisme supérieur. Mais si par nature

---

(1) Aux petits esprits, qui commencent à réfléchir. Car le panthéiste réfléchit, — mais pas assez.

on entend l'univers, la collection telle quelle des êtres divinisés et pris pour l'Être absolu et éternel, nous savons maintenant, grâce au logicien Hegel, ce qu'il faut penser de cet Être du panthéisme vulgaire. C'est de lui qu'il a été dit : l'Être c'est le néant. Et c'est algébrique cela :

Toutes les qualités + tous les défauts = 0

Sous couleur de largeur d'esprit, le panthéisme vulgaire, dont l'idolâtrie est la forme plébéienne, m'apparaît comme le plus étroit des systèmes. Emprisonnant Dieu dans des êtres qui se heurtent, qui se heurtent par leurs défauts jusqu'à s'exclure, il en arrive, forcé par la logique, à l'exclusion absolue. Le dernier mot du panthéisme est la destruction universelle. Dieu emprisonné fait éclater le monde.

CHAPITRE IX

ENNUI ET MÉTAPHYSIQUE

Mon cher ami, que de métaphysique ! Je m'en aperçois trop tard. Mon intention était de faire de ce livre une causerie avec vous, — profonde, mais vivante —, et voilà que je m'enfonce dans le pâle royaume des ombres et des abstractions hégéliennes, où le sommeil vous prend, comme sur les froids sommets. A qui la faute ? Aux philosophies étroites qui nous compliquent la majestueuse simplicité des choses. La vraie métaphysique, la vraie théologie, savez-vous ce que c'est ? Mais c'est la beauté, c'est la poésie, c'est la magnificence, c'est la Splendeur même ! J'allais dire : c'est la la Splendeur en personne. Pourquoi pas ? Car c'est Dieu. Non pas Dieu avec les restrictions, les subtilités, les complications, les mutilations inventées par l'esprit mesquin des raisonneurs de profession, mais Dieu ! l'Infini tout court. Cet Infini si simple, qu'un petit enfant peut lui dire : *Mon père*, — si profond que le penseur y entrevoit, noyés, tous les systèmes des philosophes. J'imagine que nous serions stupéfaits si nous pouvions voir comme tout est simple et profond. Mais l'esprit étroit, ce pédant, complique tout. Il ne voit pas la grande unité; il crée de petites catégories, avec cases et étiquettes, poésie d'un côté, science de l'autre, religion ailleurs, métaphysique isolée, — petite poésie, petite science, petite religion, petite métaphysique. Et si petit qu'on ait fait, cela, cela est embrouillé. On est d'une religion, on ne sait pas pourquoi... Parce qu'on y est né... parce que votre père... La religion est séparée de la science. On est un savant, et toute une vie on sera matérialiste parce qu'on s'est embourbé dans un tas de sable, sans pouvoir s'en dépêtrer. La science est séparée de la philosophie. La métaphysique à son tour, séparée de la poésie, de la religion, de la science même, se hérissera d'épines et de broussailles tellement impénétrables, qu'Hegel pourra s'y cacher. Ah! le public trouve la philosophie ennuyeuse, je le crois bien. Mais ce n'est pas la vraie philosophie. La vérité est vie et splendeur et ils nous l'étouffent sous l'éteignoir des systèmes.

CHAPITRE X

COMMENT JE SUIS ATHÉE

Il existe une croyance philosophique dont jusqu'ici je n'ai pas tenu compte, c'est l'athéisme, et je vous surprendrai peut-être, cher ami, en vous apprenant que je suis athée.

Pourtant je suis matérialiste, idéaliste, panthéiste à la grande manière, j'admets tous les *Credo* philosophiques, — à part l'esprit d'exclusion qui les fait s'anathématiser (1) l'un l'autre — ; il faut bien aussi que je sois athée.

D'ailleurs, sans que vous vous en doutiez, je vous en ai donné des preuves.

J'ai insisté sur le panthéisme, sur le *Dieu est tout*, en acclamant la grandeur de cette conception divine, mais entendue de vaste façon, et non à la manière étroite du pan-

---

(1) Est-ce à dire que j'exclus de ma philosophie l'*Anathème?* Non, pas même lui! car la largeur d'esprit n'exclut rien. Nous verrons plus tard comment il a sa place marquée dans la philosophie de l'esprit large. — Je suis à la fois absolument libéral et absolument intransigeant.

théisme vulgaire. J'ai *désemprisonné* Dieu.

J'ai proclamé le panthéisme supérieur, le panthéisme à esprit large, celui qui ne repousse pas son contraire.

Le contraire du panthéisme, c'est l'athéisme. Oui l'un est le complément de l'autre. Quand on a dit : Dieu est tout, que reste-t-il à dire ?

Il reste à dire : Rien n'est Dieu. C'est la formule profonde de l'athée, l'athée, cette moitié du théologien complet.

Je le sais : pour les croyants, l'athée est une sorte d'épouvantail, un monstre né dans les bas-fonds de la terre fangeuse pour vomir le blasphème, souiller le monde de son venin, et certes ce n'est pas au nom de la largeur d'esprit qui concilie tout que j'excuserais cette espèce d'intolérant à courte vue qui repousse la plus haute des conceptions de l'intelligence. Car l'athée vulgaire est cet intolérant misérable.

C'est que l'athée vulgaire n'a pas le sens profond de l'athéisme.

Qu'est-ce que l'athéisme, vu à fond, dégagé des exclusions mesquines, des négations, des anathèmes qui en font un système étroit ?

Il est la moitié de la vérité totale.

Je regrette quelquefois de ne pas être un Labruyère philosophique, pour analyser finement le caractère de chaque type intellectuel.

Voici par exemple le panthéiste et l'athée, ces deux types diamétralement contraires, ces deux pôles humains de la philosophie. Il ne s'agit pas de les critiquer; il s'agit de les comprendre.

Le panthéiste est, par caractère, un mystique, une âme éprise d'infini. Les poètes sont facilement panthéistes. Ils voient le divin des choses; les mots *ciel* et *azur* viennent naturellement au bout du vers.

L'athée est un homme pratique qui voit le monde, sans rêver devant lui. D'ordinaire c'est un chimiste (et dans notre siècle tout le monde est chimiste, plus ou moins), un manipulateur, un expérimentateur, un homme d'affaires qui a le sens de l'atome, le tact du fini et du borné ; qui voit le non-divin des choses.

Ils ont raison tous deux : car le divin existe et le non-divin aussi.

Où ils ont tort, c'est là où, devenus exclusifs, le panthéiste refuse d'admettre *autre chose* que l'Etre plein et infini, qui, en effet, est l'idéal de toutes choses ; où l'athée refuse d'élever ses conceptions au-dessus du monde, du monde qui, en effet, — il a raison — n'est pas Dieu.

On pourrait dire, avec un paradoxe dans la forme, que l'athée complète le panthéiste, comme le panthéiste complète l'athée.

Car Dieu est partout, et il n'est nulle part ; il est tout, et il n'est rien de borné.

L'athée, en pesant le monde, sent qu'il n'a pas le poids d'un Dieu.

CHAPITRE XI

IMPORTANCE DE L'AFFIRMATION ATHÉE

Si je ne craignais de vous ennuyer, — car nous autres, philosophes, nous faisons ce prodige, d'ennuyer avec la vérité —, j'insisterais sur cette importance souveraine non pas certes de la négation, mais de l'affirmation athée. L'affirmation athée! voilà un mot nouveau dans le dictionnaire philosophique; mot juste, pourtant. Si l'athée ne faisait que nier; s'il ne fallait voir en lui qu'un myope fanatique, montrant le poing à l'Infini dans sa haine sotte, ou se courbant comme la bête qui fouille du groin la flaque, sans voir au fond le reflet du ciel; je le pousserais du pied. Mais l'athée affirme, il pose une affirmation méconnue de son adversaire étroit, une de ces grandes affirmations qui sont des moitiés de philosophies. *Au divin il oppose le non-divin.* Il est le défenseur de l'être fini et borné, le champion de l'univers vis-à-vis de Dieu, qu'il a tort d'insulter. S'il ne voit

pas les reflets de l'azur au fond de la flaque
d'eau du chemin, il a du moins le mérite
de voir que cette flaque n'est pas l'azur.
Il ne se laisse pas éblouir par la splendeur
de l'être qu'il voit. Devant la mer, il ose
dire : je ne vois pas Dieu; il ne s'agenouille
pas devant le soleil. Gloire à cette fierté de
la raison, qui ne se courbe pas devant
l'idole, fût-elle étincelante. Le panthéiste,
lui, devrait vivre à genoux, si tout ce qu'il
voit est de substance divine; il serait logique en s'abîmant dans la boue, en baisant
avec transport l'ordure sainte (et peut-être
le fait-il plus qu'il ne semble). Depuis l'idolâtre commencé qui adore un arbre ou un
animal, jusqu'au panthéiste savant qui dit
la Nature (avec une majuscule); depuis le
Raphaël de Lamartine, prosterné devant la
fleur féminine (« combien de fois je me suis
mis à genoux devant elle, le front collé
dans l'herbe, dans l'attitude et dans le sentiment de l'adoration ! ») jusqu'à l'égoïste
dégradé qui n'adore plus que sa sensation
brutale ; depuis le sorcier superstitieux qui
tremble devant son bâton magique, jusqu'au rationaliste voltairien qui s'adore dans
l'étroitesse de sa raison déifiée — que

d'âmes à genoux devant les idoles! L'athée — celui qui refuse de dire *Dieu* devant le fini et le borné, est debout, lui du moins. Logique, il ne se courbera pas devant les choses ou les tyrannies, pas même devant la sienne, puisque rien n'est Dieu.

Il restera fier, mais à une condition : qu'il acquière la largeur d'esprit, qu'il ne s'emprisonne pas dans son système, qu'il ne repousse pas le contraire de son idée, que lui, ce protestant du panthéisme vulgaire(1), accepte le panthéisme supérieur, qui l'empêchera de tomber à son tour dans l'athéisme vulgaire, dans l'exclusion et le blasphème. Il faut que l'homme moderne et fier, supérieurement incrédule, soit supérieurement religieux. Les choses supérieures ne s'excluent pas, elles se concilient; mieux que cela, elles s'appellent, elles s'embrassent, et leur baiser donne la vie. J'aime l'homme qui se raidit le genou devant ce qui n'est pas divin. Mais le genou existe, donc l'adorable existe, et le genou doit se ployer. Aussi finit-il toujours par se ployer devant

---

(1) Car c'est presque toujours l'idolâtre (vrai ou apparent) qui indigne l'athée. L'athéisme est une protestation.

quelqu'un ou quelque chose ; si ce n'est pas devant le Quelqu'un éternel, devant la Chose infinie, ce sera devant le plus misérable des quelqu'uns, devant la plus futile des choses, et l'athée lui-même n'a à choisir qu'entre l'adoration et l'idolâtrie (1).

S'il veut rester fier, qu'il adore.

(1) Fût-ce l'idolâtrie de sa personne et de ses œuvres.

CHAPITRE XII

RÈGNE PROCHAIN DE L'IDÉE TOTALE. L'ŒUVRE DE LA RÉVOLUTION

L'athée moderne s'agenouillera un jour, et ce sera le grand siècle de l'histoire. L'homme est incomplet encore, du moins dans l'ensemble de l'humanité. La fierté est d'une part, du côté de l'incrédulité triomphante ; l'adoration est ailleurs, dans les religions abaissées. L'une se drape dans la science exaltée, les autres pleurent dans les haillons déchirés du mysticisme. Religion, science ; foi et incrédulité, fierté et adoration ; cette synthèse se fera dans la largeur d'esprit d'un siècle dont je pressens l'aurore. Mais vous savez quelle est la loi de marche des choses? La formule d'Hegel : thèse, antithèse, synthèse. L'humanité a commencé par la foi, la foi soumise et humble. Puis vint la révolte, la grande révolte des temps nouveaux, incrédules et scientifiques. Devant le spectacle, tout à coup découvert à la critique et à la libre pensée, de tous ces peuples aux croyances multicolores,

> Courbés devant un tas d'autels contradictoires !

comme s'écrie Victor Hugo, je conçois qu'un doute immense et subit ait envahi l'âme moderne. Où est la vérité, où est le dogme, où est le pape infaillible, où est l'orthodoxie légitime, au sein de toutes ces orthodoxies, de tous ces dogmes, de tous ces pontifes ? Ebloui par l'astre nouveau, la science, qui montait à l'horizon, on a ajourné la réponse ; on s'est plongé dans la nature matérielle et le point d'interrogation céleste est toujours là, debout. Mais courage ! « la science approche enfin et approche de l'homme ; elle a dépassé le monde visible ou palpable des astres, des pierres, des plantes, où dédaigneusement on la confinait ; c'est à l'âme qu'elle se prend (1) », c'est aux idées, c'est aux religions du globe. Quel triomphe, le jour où l'homme scientifique et moderne, qui ne veut pas d'idoles, aura trouvé son Dieu, et pourra vivre enfin par le cœur, dans la paix, dans l'enthousiasme de sa raison satisfaite !

(1) Taine.

J'entrevois cette ère grandiose. Alors, en Afrique, en Asie, par toute la terre, tous les faux dieux crouleront sur leurs autels, battus par le flot de la civilisation, de la révolution qui balaie tout, pour faire place peut-être à une vérité qu'elle ignore. Car je n'imagine pas que dans sa course à travers le monde, sillonné déjà de ses réseaux de fer et des fils magiques de son électricité toute-puissante, le progrès moderne ait pour but suprême de transporter les cotons et de causer dans l'oreille des Chinois sur le thé ou la dynamite. C'est pour l'esprit que le fait travaille. C'est l'idée qui va monter sur son trône universel. Quelle idée? La grande, l'unique, celle qui contient toutes les autres, l'idée universelle, l'Idée tout court. Il n'y a qu'elle, et toute la terre l'acclamera un jour dans son unité et sa plénitude. Mon ambition, dans ces pages ou j'ébauche son esquisse, dans celles où je la continuerai, où je l'achèverai, est de lui gagner quelques âmes.

FIN DU PREMIER VOLUME

POST-SCRIPTUM

Je prie les lecteurs de ce livre, s'il a le bonheur d'en avoir, de consentir à ne pas juger l'auteur sur cette esquisse inachevée et par là même inexacte, car l'exactitude des détails n'a sa perfection que dans l'ensemble, et je n'ai pas pu tout dire. Ce livre n'est qu'un début, l'idée n'est qu'entr'ouverte. On m'accusera de libéralisme à outrance. Pourtant le libéralisme à outrance n'est qu'une des faces de ma doctrine, une moitié de la vérité totale. L'autre face c'est l'intransigeance absolue, car si la vérité est large, est la largeur même, elle est impitoyable pour l'erreur, pour l'étroitesse d'esprit. C'est logique, et j'en reparlerai ailleurs (1).

On m'accusera de scepticisme religieux. Je proteste. Car la libre pensée n'exclut pas la Foi ni la soumission du croyant; l'indépendance de l'esprit est sœur de la piété des anges. J'espère bien réconcilier ces contraires, car tout s'harmonise dans l'ampleur du vrai. Seulement l'harmonie est si vaste qu'il faut des volumes pour en noter les accords, comme il faudra des siècles peut-être pour faire en elle l'accord des intelligences.

Je termine en ajoutant, pour la plus grande clarté de ce volume et de ma philosophie, que j'emploie les mots dans leur vrai sens, l'un de mes buts, je l'avoue, étant la réforme du dictionnaire philo-

---

(1) Il y a un « libéralisme » faux, contrefaçon hégélienne du vrai Libéralisme, singerie de la vraie générosité intellectuelle, et qui consiste dans une indifférence stupide entre la vérité et l'erreur. Mais ce n'est pas du libéralisme cela, c'est de la bêtise.

sophique, faussé par l'étroitesse d'esprit. A l'heure qu'il est, s'intitule *esprit large, libre penseur*, tout petit homme qui commence par exclure de parti pris les trois quarts des idées humaines, par s'enfermer dans sa cave ou sa cornue, et là, se redressant de toute sa taille, car, Hugo l'a dit,

Les nains sont dédaigneux de toute leur hauteur,

crispe son petit poing pour attester qu'il ne trouve pas le ciel dans sa boîte. Voilà *l'esprit large!* et je conçois que cette *libre pensée*-là fasse peur à tous ceux qui ont une âme. Elle devrait les faire rire. Mais ce n'est pas la libre pensée, cela : c'est l'obscurantisme et l'éteignoir. Ce n'est pas l'esprit large, c'est l'esprit étroit. Pour moi la libre pensée c'est la pensée libre, la complète ouverture de l'intelligence, l'indépendance absolue à l'égard des préjugés. Pour moi l'esprit large, c'est l'esprit large, celui qui n'exclut rien, que l'exclusion même.

A quand le vrai langage, c'est-à-dire les vraies idées ? (1)

(1) Le mot *science* est, parmi les mots illustres, un des plus tronqués par l'étroitesse matérialiste. L'étrange, c'est que les spiritualistes les plus fervents se résignent à cette mutilation, qui restreint le mot science aux connaissances matérielles, insinuant par là même le caractère chimérique, non scientifique, de tout ce qui touche à l'esprit. Les universités les plus religieuses, les universités catholiques par exemple, ont une *faculté des sciences ;* et qu'appelle-t-on *les sciences ?* La physique, la chimie. Notre langage est une prédication matérialiste inconsciente.

Il serait facile de multiplier les exemples de ces fautes de langage qui sont des fautes de pensée.

TABLE

Lettre-préface.................................... 5
LIVRE PREMIER. — MON IDÉE............... 7
  Ch. I. — Mon système n'est pas un système... 7
  Ch. II. — Les prisons de l'esprit........... 12
  Ch. III. — Espace et Vérité................. 15
  Ch. IV. — Un projet de pacification universelle.. 19
  Ch. V. — L'Océan.............................. 23
  Ch. VI. — L'Océan philosophique......... 25

LIVRE SECOND. — L'UNION DES CONTRAIRES 29
  Ch. I. — L'Œillet de Schmid............... 29
  Ch. II. — Hegel................................. 33
  Ch. III. — Les deux pôles de la vérité...... 38
  Ch. IV. — Paysans et philosophes......... 41
  Ch. V. — Le scepticisme, image de la largeur d'esprit..................................... 44
  Ch. VI. — Le scepticisme n'est pas la largeur d'esprit..................................... 47
  Ch. VII. — L'étincelle électrique........... 49
  Ch. VIII. Le pour et le contre............... 53

Ch. IX. — Le mariage 57
Ch. X. — Les contraires en métaphysique, en psychologie, en physique. Le Soleil. 61
Ch. XI. — La musique 66
Ch. XII. — La poésie....................... 70
Ch. XIII. — La prose 73
Ch. XIV. — La morale. Rail et vapeur 77
Ch. XV. — La politique.................... 80
Ch. XVI. — Epilogue et prologue 83

LIVRE TROISIÈME. — LES SYSTÈMES........ 85
Ch. I. — Ma profession de foi.............. 85
Ch. II. — L'objection...................... 87
Ch. III. — Une trouvaille philosophique.... 89
Ch. IV. — L'esprit étroit. Un désastre...... 91
Ch. V. — Dialogue lyonnais............... 96
Ch. VI. — Des philosophes qui ne s'entendent pas.................................. 100
Ch. VII. — Un moyen de les mettre d'accord 103
Ch. VIII. — Les petits cercles fermés...... 105

LIVRE QUATRIÈME. — SUIS-JE ECLECTIQUE? 109
Ch. I. L'eclectisme de Cousin.............. 109
Ch. II. — Un botaniste intransigeant....... 113
Ch. III. — Profession de foi *minéraliste*.... 116
Ch. IV. — Le manifeste d'un *animaliste*. Les débats s'enveniment. Clôture des débats. 119

LIVRE CINQUIÈME. — GRANDS ESPRITS ET PETITS ESPRITS.......................... 127
Ch. I. — Ce que je prends et ce que je laisse 127
Ch. II. — Newton le grand................. 130

Ch. III. — La largeur d'esprit et M. Flammarion................................ 132
Ch. IV. — L'étroitesse d'esprit et M. Flammarion................................ 134
Ch. V. — L'enlisement scientifique. L'huître. Un mariage assorti..................... 138
Ch. VII. — La philosophie d'un épicier..... 144
Ch. VIII. — Taine, Littré, Darwin, Renan, etc. 147
Ch. IX............................. 150

LIVRE SIXIÈME — LA PHILOSOPHIE UNIQUE ET TOTALE............................. 155
Ch. I. — Il n'y a qu'une philosophie....... 155
Ch. II. — Comment je suis matérialiste.... 161
Ch. III. — Un monde que l'astronome ne voit pas........................... 163
Ch. IV. — Comment je suis spiritualiste... 170
Ch. V. — Encore de petits esprits.......... 173
Ch. VI. — La pluralité des mondes intellectuels............................... 175
Ch. VII. — Fourmillement de mondes...... 177

LIVRE SEPTIÈME. — LA LARGEUR D'ESPRIT ET L'ÉVOLUTION........................ 179
Ch. I. — Comment je suis évolutionniste... 179
Ch. II. — Souplesse et résistance.......... 188
Ch. III. — Le singe et l'homme............ 192
Ch. IV. — Les évolutions de la matière.... 197
Ch. V. — Le progrès..................... 203
Ch. VI. — Les conséquences d'une exclusion............................. 206
Ch. VII. — Une réflexion sur le suicide.... 208
Ch. VIII. — Conservateurs et progressistes 209

Ch. IX. — La démarche humaine.......... 211
Ch. X. — Le divin 217

LIVRE HUITIÈME. — LE DIEU DE L'ESPRIT LARGE................................... 219
Ch. I. — Qu'est-ce que Dieu ?............. 219
Ch. II. — La synthèse littéraire. Racine, Hugo, Zola............................. 221
Ch. III. — Les systèmes théologiques...... 226
Ch. IV. — Dieu est-il réel, ou Dieu est-ce l'Idéal ?................................ 228
Ch. V. — Dieu, est-ce un être déterminé, ou bien est-ce l'Universel ?............. 233
Ch. VI. — Synthèse du panthéisme et du théisme................................ 238
Ch. VII. — Dieu et le monde. Un problème. 243
Ch. VIII. — Dieu est-il personnel ou est-il l'immensité infinie ?.................... 246
Ch. IX. — Dieu est-il connaissable ou inconnaissable ?........................ 251
Ch. X. — Au bord des religions........... 253

LIVRE NEUVIÈME. — LA PLUS LARGE CONCEPTION INTELLECTUELLE................. 255
Ch. I. — L'Abîme........................ 255
Ch. II. — La synthèse de l'Infini.......... 260
Ch. III. — Les idolâtres................... 265
Ch. IV. — Un formidable oubli............ 268
Ch. V. — Le faux pas d'Hegel............. 270
Ch. VI. — Le secret de la conciliation : la suppression des limites.................. 272
Ch. VII. — Comment Hegel arrive à l'Être-Néant................................... 276

Ch. VIII. — La vraie idée de l'Infini....... 279
Ch. IX. — Ennui et métaphysique......... 284
Ch. X. — Comment je suis athée.......... 286
Ch. XI. — Importance de *l'affirmation athée* 290
Ch. XII. — Règne prochain de l'Idée totale.
L'œuvre de la révolution 294

ERRATA

Page 85. Au lieu de : l'*Inde et la Palestine*, lisez : *l'Inde et la Grèce*, car je ne traite pas ici des religions, mais seulement des philosophies. La question religieuse est beaucoup plus délicate, parce que les faits s'y mêlent aux idées, et que les faits relèvent de l'histoire et non de ma théorie.

Page 255. Au lieu de : *Livre huitième*, lisez : *Livre neuvième*.

Imp. Emmanuel Vitte, rue Condé, 30, Lyon

www.ingramcontent.com/pod-product-compliance
Lightning Source LLC
Chambersburg PA
CBHW071524160426
43196CB00010B/1646